TÚ ERES TU PROPIA MARCA

TÚ ERES TU PROPIA MARCA

MARKETING PERSONAL PARA UN PROFESIONAL

MANUEL SCHNEER

GRUPO
EDITORIAL

norma

Bogotá, Barcelona, Buenos Aires, Caracas, Guatemala,
Lima, México, Panamá, Quito, San José,
San Juan, Santiago de Chile, Santo Domingo

Schneer, Manuel
Tú eres tu propia marca / Manuel Schneer. -- Bogota : Grupo
Editorial Norma, 2005.
112 p. ; 21 cm.
ISBN 958-04-8712-X
1. Administración de empresas 2. Gestión de empresas 3. Mercadeo
4. Ventas I. Tít.
658.02 cd 20 ed.
AJC2046

CEP-Banco de la República-Biblioteca Luis Ángel Arango

ISBN 958-04-8712-X

CONTENIDO

INTRODUCCIÓN

DURANTE LOS ÚLTIMOS DOCE AÑOS he trabajado en temas de consultoría, básicamente de servicios y servicios profesionales. Mi formación como sociólogo y psicólogo unida a mi experiencia asesorando firmas de servicios profesionales locales e internacionales me centraron en el ánalisis de la problemática de los despachos, en sus diferencias con las empresas de otro tipo y en los múltiples aspectos que definen su funcionamiento.

En los últimos años se han dado un gran número de consultas que estaban vinculadas con **personas**, es decir profesionales de todo tipo (trabajando por cuenta propia o para terceros) que estaban atravesando crisis vinculadas con sus deseos de cambio en la actividad que realizaban. Quiero aclarar que no en todos los casos estas crisis estaban relacionadas con sensaciones o situaciones de fracaso. Muchas veces los que me consultaban eran exitosísimos hombres y mujeres que no se sentían satisfechos con lo que hacían.

Pero había un denominador común en todos ellos: la necesidad de efectuar un cambio estructural, un giro de 180 grados buscando una mejora integral en la manera que desarrollaban su actividad laboral profesional.

Esto se manifestaba siempre como una crisis también personal. Casi todos ellos estaban en lo que se considera la "edad media de la vida", es decir entre los 35 y los 45 años, en un momento de maduración donde querían enfrentarse con valentía a la realidad. Estaban buscando una **nueva identidad**.

Calificamos a este momento (que en realidad se puede dar en cualquier etapa de la vida) como de **encrucijada** (otros lo llaman "punto de inflexión", "bisagra histórica", etc.). Es decir, una instancia donde confluyen una crisis de tipo profesional-laboral con otra de índole personal-afectivo y donde es necesario "barajar y dar de nuevo".

Comprendí que era necesario un enfoque interdisciplinario a esta problemática y trabajando en equipo con una psicóloga comenzamos a resolver estos nuevos casos para nuestras prácticas profesionales de una manera diferente, desde un enfoque donde confluían la consultoría individual en negocios y marketing con el asesoramiento personal en temas de estilos y comportamientos (lo que los americanos llaman *"coaching"* y *"counseling"*).

A medida que nuestra vida se vuelve cada vez más compleja, con contextos turbulentos e inciertos, puede aumentar nuestro desconcierto y angustia frente a situaciones que no podemos predecir o manejar.

Tampoco ayudan una serie de prejuicios acerca del marketing, donde esta importante disciplina es vista como una serie de herramientas ingeniosas que manipulan "monjes negros" con el objetivo de obligar a la gente a consumir lo que no necesitan.

Nada más lejos de ello que lo que proponemos: un acercamiento honesto, directo y transparente hacia lo que nosotros somos y representamos como profesionales y personas. Nos guste o no, nuestras prácticas profesionales están enmarcadas e insertas en determinado tipo de "mercados" y nosotros representamos "productos y servicios" que otros compran y valoran.

Está en nosotros trabajar sobre nosotros mismos para lograr una coherencia entre lo que somos y lo que queremos ser y en posibilitar que otras personas (los clientes) perciban lo mismo que deseamos trasmitir.

Este libro intenta brindar elementos para emprender un nuevo camino y lograr que la ecuación éxito profesional vs. calidad de vida libremente elegida, no sea una utopía ni una contradicción.

1

ENTENDER LOS CONCEPTOS
DE MARKETING

LA GENTE SUELE CONFUNDIRSE con respecto al marketing. La mayoría de las consultas comienzan con un "no sé cómo hay que hacer para salir a vender" o "no sé cómo venderme"... y esto desalienta a cualquiera.

Es como si subsistiera la imagen del charlatán de feria, de aquél que enredaba una serpiente en su cuello y con muchas palabras e inventiva convencía a su audiencia para que se llevaran algun artículo o elixir que siempre terminaba siendo una pequeña estafa.

CONCEPTOS CLAVES:

1. Una cosa es salir a vender y la otra lograr que me compren.

Existe una diferencia abismal entre una actitud y otra. Si yo fuese un experto en la caza de elefantes camboyanos, por mejor vendedor que fuese, me moriría de hambre trabajando en Barcelona. La explicación es obvia: no hay elefantes en España (excepto en los zoológicos y en los circos).

Lograr que me compren es otra historia, esto significa ser atractivo en mi oferta, configurar un producto o servicio tal que pueda interesar a los clientes, que pueda satisfacer alguna necesidad que éste tenga y luego por supuesto ¡hacerla visible!

2. Las necesidades no se fabrican ni manipulan: Se detectan, estimulan y satisfacen.

La idea de que es posible embaucar al consumidor o al cliente, supone de por sí un desprecio por dicha persona, la posibilidad de convertirla en un títere sujeto a nuestros intereses. Ahora bien, existen diferentes tipos de necesidades para diversos tipos de individuos. Mi hijo de 25 años puede postergar una buena comida pero no renunciar a sus CD´s de jazz y rock. Un inmigrante necesitado tiene que resolver antes que nada sus problemas de alimentación, vivienda y salud. Una mujer en sus cuarenta valorará todo aquello que la mantenga joven y hermosa...

Una anécdota muy interesante se le atribuye a Aristóteles Onassis: un periodista le preguntó, "dígame Sr. Onassis ¿cómo logró hacer tanto dinero?" Y la respuesta fue: "¿ve esa silla?" "Sí", contestó el periodista. "Bueno, ¡yo la vi primero!" Tiene éxito en los negocios quien ve primero las cosas, quien primero diagnostica una necesidad, quien primero la estimula y satisface...

3. **Todo pasa por la percepción, por la cabeza del consumidor, el comprador y el cliente.**

Mucha gente (y en especial los que tienen formación científica como los ingenieros, médicos, contadores, etc.) sólo consideran real aquello que es tangible. Nosotros nunca vimos caminando una clase social y no por eso negaríamos su existencia, ¿no es así? Existen fenómenos no perceptibles a simple vista ni siquiera con instrumentos especiales pero que tienen una existencia real.

Lo que pensamos y creemos tiene para nosotros una validez y veracidad absolutas (en la mayoría de los casos). Todo pasa por el filtro de nuestra percepción. Si nuestros consumidores, compradores y clientes no perciben lo que queremos transmitir nuestro esfuerzo será inútil.

4. **Hay dos procesos que tenemos que comprender: los valores del comprador y el proceso de decisión de compra.**

Cada comprador tiene valores diferentes, razones distintas por las que decide comprar éste o aquél

producto, tal servicio y no aquel otro. Atributos que
él jerarquiza y nadie más que él. Pero también existen
lo que se llaman los "influenciadores" en su decisión y éste es un proceso donde casi nunca la decisión es totalmente solitaria, puede ser la esposa, el
hijo, un técnico, el jefe o un artículo que leyó en el
periódico, pero siempre existen elementos que condicionan el "cómo" de la compra.

5. **Necesitamos saber por qué nos compran los que
nos compran y por qué no nos compran los que
no nos compran.**

Parece verdad de Perogrullo, pero es fundamental.
Algo así como poder emitir un diagnóstico (al estilo de los médicos) para luego poder tomar la decisión adecuada en cuanto al curso de acción por
seguir.

6. **Todos los compradores pueden agruparse en segmentos.**

Un segmento es un conjunto de compradores que
comparten determinado número de características
y atributos. La capacidad de poder determinar cuáles
son esos grupos de compradores se denomina segmentación y es fundamental para poder focalizar y
concentrar el esfuerzo de marketing. Un segmento
pueden ser las amas de casa de la zona norte de
Madrid, España de entre 25 y 35 años, nivel socio-
económico medio/alto, con hijos pequeños y que
han recibido educación tradicional hasta el nivel

medio. Otro segmento pueden ser los gerentes de finanzas de grandes empresas del sector de telecomunicaciones (en este caso acotamos mucho más la segmentación, y hasta podría incluir a nuestro jefe).

Determinar las necesidades y preferencias de cada segmento es lo que nos ayuda a efectuar la mejor oferta posible de nuestros productos y servicios.

7. **Los segmentos donde mejor y más competitivamente podemos ofrecer nuestros servicios se denominan segmentos objetivo o "target" y al proceso de determinarlos lo llamamos inteligencia competitiva.**

Son muy pocos aquellos segmentos donde podemos ser diferentes, competitivos, atractivos y donde se produzca con mayor probabilidad el fenómeno de la compra. El secreto está en conocer en profundidad a los segmentos y compradores individuales dentro de cada segmento. De esto dependerá que nuestra oferta de productos y servicios, la que deberá ser configurada en función de ellos, sea "vendible" o "comprable".

8. **Para que nos compren debemos lograr que nos diferencien y distingan de nuestros competidores. El concepto que define esta diferenciación es el de "marca".**

Una marca es el atributo fundamental que tiene un producto o un servicio. Es su nombre y apellido, aquél por el que se lo reconoce y por el cual los compradores aceptan pagar un precio mayor. Si no logramos ser diferentes seremos un *commodity* (como el trigo, la arena o el canto rodado) es decir un producto indiferenciado y sujeto a una sola variable: el precio más bajo.

9. **Necesitamos conseguir una personalidad definida para nuestra marca, ocupar un lugar específico en la mente de los compradores, lograr que nos vean como queremos que nos vean. A esto lo llamamos posicionamiento.**

Posicionarnos es tener una identidad, poder transmitir un modelo hacia los otros, una serie de atributos mediante los cuales podamos lograr una percepción diferenciada dentro de la mente de nuestros compradores "target". Si somos confusos en nuestro mensaje nos posicionaremos en forma confusa y no nos podrán diferenciar.

10. **Marketing no es sinónimo de publicidad, diseño, promoción o ventas.**

Es habitual esta confusión que tiende a considerar el fenómeno de marketing únicamente bajo las variables de comunicación. Estas variables son herramientas destinadas a comunicar los atributos distintivos de nuestros productos y servicios y a posicionarlos debidamente. Para poder utilizar estas herramientas es preciso determinar las estrategias generales, los segmentos target, los productos y servicios aptos para satisfacer dichos segmentos y los fenómenos ya mencionados de los valores del comprador y el proceso de decisión de compra.

Por supuesto que sería muy fácil resolver nuestros problemas comerciales publicando un aviso publicitario o poniendo una página en la web, pero como ya hemos visto, las cosas no son tan simples en el marketing.

2

ENTENDER LOS CONCEPTOS DE MARKETING DE SERVICIOS PROFESIONALES

¿ES LO MISMO COMPRAR un envase de aceite de oliva que los servicios de un abogado?

Evidentemente no. Pertenecen a dos mundos totalmente diferentes y las reglas de comercialización de ambos también son distintas.

Este capítulo pretende establecer dichas diferencias y abordar los conceptos clave del mundo de los intangibles.

CONCEPTOS CLAVES:

1. Mis servicios no se pueden comprar en la estantería de un supermercado, pertenecen al mundo de los intangibles.

A diferencia del mundo de los productos, donde el objeto se independiza de quien lo fabricó, el universo de los servicios profesionales es intangible, es decir, que no se puede tocar porque está constituido por una "relación", la que se establece entre el productor y el usuario en el momento en que se presta el servicio.

2. Mi cliente y yo nos necesitamos mutuamente, ya que la falta de uno de nosotros impide la existencia del servicio.

Un médico necesita de su paciente, un contador de su cliente, un gerente de recursos humanos requiere el personal que trabaja en la empresa, y así sucesivamente. No es posible "almacenar" o "hacer un *stock* o inventario" de las prestaciones profesionales. Éstas tienen un carácter efímero y transitorio si no se renuevan constantemente.

3. La satisfacción del cliente es condición necesaria para la continuidad del servicio profesional.

Un cliente insatisfecho puede cortar inmediatamente su vínculo con el profesional o generar al menos las condiciones para que la prestación se debilite, decaiga y termine. El profesional necesita estar constantemente renovando su relación, de manera que el estado de satisfacción se mantenga y crezca.

4. Nosotros somos el envase.

Nuestra prestación intangible se materializa en nosotros mismos. Nuestra persona, nuestro aspecto físico, la forma en que nos relacionamos y el modo en que resolvemos los problemas de nuestros clientes son el envase de nuestros servicios.

Todos los profesionales necesitamos volver tangible lo que hacemos y el modo en que lo hacemos: nuestro despacho, la oficina en la que trabajamos, nuestra vestimenta, la tarjeta de negocios, el folleto que describe nuestros servicios, la página web donde describimos lo que hacemos, el boletín informativo de la empresa para la que trabajamos, nuestros informes en las reuniones gerenciales...

5. La clave del éxito en los servicios profesionales radica en el hecho de poder sostener relaciones a largo plazo con mis clientes.

Éste no es un juego para ansiosos ni de gente que pretenda negocios para una sola vez. La mentalidad a corto plazo es nefasta para los servicios profesionales, ya que se trata de desarrollar habilidades y conocimientos que permitan construir y sostener relaciones a mediano y largo plazo. Se trata de una red donde funciona el efecto "boca-oreja" y de donde surgen continuamente fuentes de derivación de nuevos clientes.

Esto tiene también plena vigencia en el mundo empresarial, donde el aporte y el valor agregado que realizamos a la organización para la que trabajamos necesita el reconocimiento de mis superiores, iguales y subordinados.

6. **Basándose en nuestra fuerte capacidad profesional, resulta fundamental el poder construir una imagen y prestigio sólidos y persistentes.**

Hemos hablado de un aspecto clave: que nuestros clientes **perciban** lo buenos que somos y los beneficios que les brindará utilizar los servicios que prestamos. La acumulación de experiencias positivas y el efecto "boca-oreja" del cual hablamos en el punto anterior, se potenciarán con otros elementos tangibles que aumentan nuestra imagen (participación en congresos profesionales, publicación de artículos y libros, concurrencia a estudios de postgrado y seminarios de perfeccionamiento, presencia activa en reuniones empresariales, etc.).

7. **Todas las actividades que afectan a nuestro marketing personal, y la promoción y construcción de nuestra imagen y a nuestro prestigio, requieren un esfuerzo y compromiso especiales por parte de nosotros.**

Muchos de nosotros no hemos recibido capacitación ni entrenamiento en este tipo de disciplinas.

Es más, muchas veces hemos visto estas actividades como reñidas con nuestra práctica y ética profesionales. Salvo excepciones, no es algo que nos salga naturalmente y por lo tanto necesita de un esfuerzo y dedicación especiales, de una planificación y control sistemáticos sobre lo que hacemos y el cómo lo hacemos.

8. Se trata de poner el cuerpo.

Estas actividades requieren nuestra participación personal, de nuestra total implicación. Las relaciones en sus diferentes etapas, por más que comiencen a distancia, terminan en el "uno a uno", en el cara a cara. Y no podemos evadirnos de esta situación.

Existen muchas profesiones donde gran parte de las horas de trabajo se realizan frente a la pantalla de un ordenador, investigando con un microscopio o interviniendo en un quirófano. Que esto no nos haga confundir respecto del mundo de relaciones interpersonales que configuran el ámbito laboral y de negocios.

Siempre existe una estructura de poder donde se toman decisiones y donde ocupamos una posición. Nos guste o no, siempre estamos haciendo algo respecto de nosotros, por acción o por omisión.

3

PROYECTO PERSONAL Y PROYECTO PROFESIONAL

LOS SERES HUMANOS necesitamos integrarnos y no escindirnos. Objetivos personales y profesionales divergentes, contradictorios o conflictivos llevan a una tensión que tarde o temprano termina afectando nuestro carácter, salud física y vida afectivo-familiar.

Nuestra vida tiene siempre etapas: la vinculada con la niñez, la adolescencia y primera juventud, donde habitualmente "cumplimos órdenes". Las siguientes deberían reflejar una mayor independencia y libertad de elección por nuestra parte, pero no siempre es así y se generan brechas, espacios entre lo que somos y lo que queremos ser, entre lo que hacemos y quisiéramos hacer. Estas brechas a veces nos parecen abismos y el desafío que representan se enfrenta a la tentación de quedarnos donde estamos, en un supuesto confort que en realidad se asemeja bastante a la rutina y la mediocridad de lo conocido.

Siempre estamos negociando y tratando de encontrar nuevos puntos de equilibrio. Nos ubicamos en la realidad y tratamos de no renunciar a nuestros sueños. Tratamos de que nuestros objetivos y metas sean posibles de alcanzar y al mismo tiempo estén alineados con nuestros deseos más profundos. Tratamos de escucharnos a nosotros mismos y al mismo tiempo comprender una realidad exterior que siempre nos limita.

Vemos en este cuadro que un equilibrio entre ambiciones y posibilidades, sustentado en los valores éticos individuales deberían permitir una confluencia de los Proyectos Personal y Profesional en un Proyecto de Vida integrado.

Tenemos ejemplos constantes a nuestro alrededor de cambios parciales y totales, superficiales y profundos en la vida de otras personas que conocemos: médicos que descubrieron que su deseo más profundo era tocar jazz, arquitectos que se volvieron diseñadores de ropa, publicistas que dirigen exitosamente un restaurante. Y también economistas que cambiaron de especialidad, ingenieros que pasaron de trabajar para terceros a tener un despacho propio, ejecutivos que dentro de la misma empresa cambiaron del área de producción a la comercial para continuar su carrera ascendente de forma más rápida... y así sucesivamente.

Un tema fundamental es aceptar nuestros propios sentimientos frente al proceso de cambio y saber que siempre tendremos que "pagar un precio", ya sea si nos quedamos donde estamos como si emprendemos un nuevo rumbo. La frustración, inseguridad, miedos diversos y ansiedad frente a lo desconocido nos acompañarán, porque somos seres humanos falibles y débiles en muchos aspectos. Frente a todo esto es fundamental **identificar y no negar** nuestros sentimientos. La única forma de poder atravesarlos es reconocerlos en nosotros mismos.

Un primer sinceramiento con uno mismo es identificar nuestro sueño, aquel objetivo último donde quisiéramos llegar y donde mejor se exprese nuestra personalidad, aquello que mejor sabemos hacer, nuestros ideales y la calidad de vida que siempre hemos ansiado.

Una segunda "mirada en nuestro espejo personal" tiene que ver con la relación costo-beneficio, con el esfuerzo que estamos dispuestos a efectuar en la consecución de nuestro sueño, en la determinación de a qué cosas estamos dispuestos a renunciar y a qué otras no.

A muchas mujeres se les plantea una dicotomía entre su vida profesional y su proyecto como esposas y madres. A muchos profesionales su desarrollo de la carrera los lleva a un desarraigo de su barrio, ciudad o país que les quita identidad y raíces. Estas son respuestas que una persona sólo encontrará enfrentándose a sí misma.

Obtener la satisfacción en el trabajo y en la vida. Las claves para alcanzar este equilibrio pasan por conjugar en lo profesional la máxima motivación, compromiso y entrega.

En lo personal, por mantener un distintivo en la personalidad, la sensación de saberse únicos en lo que hacemos y cómo lo hacemos.

Necesitamos por lo tanto una **doble mirada**: una que mira hacia adentro (nuestro mundo interior y el de nuestra historia) y otra hacia el contexto y el mundo exterior, ambas confluyendo hacia los **qué** (qué queremos lograr en nuestras vidas) y los **cómo** (los modos en que lo lograremos).

A lo largo de nuestra vida hemos configurado un **producto**, nosotros mismos, que presenta diferentes atributos y por el que se nos valora en distintos planos. Esta valoración no es sólo económica; incluye los planos afectivos, sociales, de reconocimiento científico, profesional, comunitario... afecta a un entorno en el cual estamos inmersos, ya que por nuestra condición de **seres sociales** nuestras necesidades exceden largamente los aspectos primarios de subsistencia.

Todo ser humano necesita un objetivo por el cual luchar, una sensación de ser parte creativa de una estructura que contribuya al logro de una función social de algún tipo, de una tarea que esté alineada con los valores éticos y morales en los que crea auténtica y profundamente. Una vida carente de este sentido trae la sensación de vacío descrito tantas veces como "ausencia de sentido", "vacío existencial", "náusea moral", etc.

Lo que **somos** se compone de un entramado de conocimientos, habilidades, experiencia y vínculos a los que dan soporte rasgos psicológicos y de carácter que constituyen nuestra personalidad. Si a esto le unimos un sistema de valores, la totalidad que de esta suma surge puede alzarse con gran fortaleza detrás de objetivos de todo tipo que nos darán un

yo integrado con realizaciones profesionales y personales constantes.

Muchas veces nos encontramos haciendo cosas que no
vivimos como propias y que nacen en mandatos no cons-
cientes para nosotros. El proceso de diagnóstico y planificación que proponemos tiende a reflexionar activamente sobre
estos fenómenos para transformarnos en protagonistas rea-
les de nuestra historia (de la cual somos los actores únicos,
nos guste o no).

4

NUESTRO NOMBRE COMO MARCA

DIJIMOS ANTERIORMENTE que lo opuesto a la noción de *commodity* (producto indiferenciado) es la "marca" (diferenciación única que hace que nos elijan).

Todo el mundo puede ver la diferencia entre una "bebida de cola" y "Coca-Cola", entre una "hamburguesa" y "Mc Donalds" y así sucesivamente.

La pregunta clave es: ¿puede este fenómeno de la marca atribuído a productos y servicios ser aplicado a una persona?

Y nuestra respuesta es SÍ, definitivamente.

El sentido de individualidad y de individuación es propio del ser humano. Existe una necesidad interna de reconocimiento social e individual, que nos distingan frente a los otros, que nos reconozcan como individuos diferentes. Es una forma de trascender, de escapar a la noción de hombre-masa acerca de la cual han hablado tantos filósofos y sociólogos.

El principio del marketing es un proceso de agregado de valor por el cual un producto, servicio o persona pasa del extremo *commodity* al extremo opuesto de la marca. Este valor no es algo abstracto, tiene que ser **percibido** por el cliente en términos de su propio universo de significados y de su escala de valores.

La existencia de atributos **funcionales** es propia del mundo de cualquier objeto/servicio/persona. Por ejemplo:

- Un automóvil que tenga cambio automático, dirección hidráulica, airbags y cinco marchas.
- Un banco que brinde servicio las 24 horas, una tasa de interés del 4% anual y préstamos hipotecarios para sus clientes.
- Un ingeniero que sea graduado en una universidad prestigiosa, de 32 años y especializado en circuitos integrados para la industria electrónica.

La existencia de atributos **suprafuncionales** es propia del mundo de las marcas. Por ejemplo:

- Un automóvil Audi tiene connotaciones de modernidad alemana, toque deportivo y pertenencia al mundo de los profesionales exitosos de entre 30 y 40 años.
- Una cuenta VIP de un banco internacional que da un sentido de pertenencia y acceso a tarjetas de crédito platino, propias de una minoría "selecta".

- El ingeniero Julián Prats, que es reconocido en toda Europa por su libro *Los microchips como herramienta competitiva en las comunicaciones empresarias* y que es el secretario general del Colegio de Ingenieros de Salamanca.

En el caso de los atributos que van **más allá** del plano físico y morfológico, nos encontramos con un nuevo tipo de fenómenos: los de la simbología, lo imaginario y lo fantaseado; aquello que permite a los productos, servicios o personas diferenciarse en otro nivel de sus competidores.

Esta diferenciación, que es **vinculante y de relación**, implica el reconocimiento distintivo por nuestros clientes, actuales o potenciales. Es decir que no basta con que nosotros seamos lo que pretendemos ser, es fundamental que tal hecho sea reconocido por los mercados y segmentos donde participamos o queremos participar.

Ser una marca implica la posibilidad de:

1. Crear fantasías en la mente de otros (Tener a Julián en mi equipo me genera una sensación de seguridad, prestigio y me permite dar una mejor imagen de servicio ante mis clientes).

2. Construir una diferenciación y sentido de "ser único", salir del "anonimato" que brinda la pertenencia a un grupo indiscriminado de competidores (Julián tiene varios estudios de posgrado y ha escrito un libro importante, además es directivo de un colegio profesional).

3. Edificar una lealtad a lo largo del tiempo entre mis clientes, para reforzar la satisfacción por la compra y el uso que de mis productos y servicios se obtiene (los programas de fidelización y de satisfacción del cliente apuntan a obtener y mantener esta lealtad).

4. Brindar un ámbito de "identificación proyectiva" a los clientes (siempre que alguien compra una marca está comprando aspectos de sí mismo que se proyectan sobre el producto, servicio o persona). El "yo quiero ser como él" o "él es como yo" resulta fundamental a la hora de la decisión de compra, es decir que existe un fenómeno de interconexión entre el mundo imaginario del cliente y el que éste atribuye a la marca.

LOS REQUERIMIENTOS DE NUESTRO NOMBRE COMO MARCA

Para poder construir un concepto de marca alrededor de nuestro nombre necesitamos:

1. Definir una personalidad, una característica que queramos transmitir como marca nuestra (solucionadores de problemas, activos negociadores, implementadores orientados hacia la acción, poseedores de tecnología única a transferir, etc.).

2. Liderazgo reconocido por nuestros clientes (dentro del entorno en el cual nos manejamos puede también ser visto como popularidad, reconocimiento/ estima, etc.).

3. Valor positivo percibido, expresado como satisfacción/lealtad/continuidad en la vinculación, por nuestros clientes.

4. Valor de nuestro nombre (entendido como inmediata correlación entre éste y otros atributos positivos). Directamente relacionado con imagen y prestigio y también con otros atributos visuales (*packaging* o aspecto exterior, vestimenta, presentación, etc.).

5. Identidad. Relacionado con el posicionamiento, el "cómo nos ven", el lugar que ocupamos en la mente de los clientes y cómo éste se diferencia de otros competidores.

LOS ENTORNOS EN LOS CUALES DESARROLLAMOS NUESTRA ACTIVIDAD

Hemos dicho que tanto trabajando por cuenta propia como para terceros, nuestra actividad se desarrolla dentro de determinado entorno o contexto. Siempre habrá un contexto **interno** y otro **externo**, de la misma forma que tendremos clientes **internos** (los de nuestra propia organización o aquella para la cual trabajamos) y clientes **externos** (nuestros propios clientes o los de la organización para la cual trabajamos).

Poder construir nuestro nombre como marca supone la clara identificación de oportunidades, necesidades y actores en el complejo circuito de los mercados y segmentos donde nos movemos. Cuando decimos "mercados y segmentos" podemos referirnos tanto al mercado de empresas industriales y dentro de éste el metalúrgico (en el caso que trabajemos por cuenta propia y tengamos a dichas empresas como targets) o por ejemplo al mercado de la Gerencia de Administración y Finanzas y dentro de éste al segmento de la Subgerencia de Tesorería para el caso particular de una empresa donde estemos trabajando.

Los criterios de segmentación con respecto a los "actores" en nuestro negocio pueden ser múltiples. Un par de ejemplos pueden ser elocuentes:

Segmentación con respecto a la actitud frente a nosotros:
1. Favorable
2. Neutra
3. Hostil

Segmentación con respecto a la decisión de compra (comprar nuestros servicios o decidir nuestro ascenso por ejemplo):
1. Decisores.
2. Usuarios.
3. Influenciadores políticos.
4. Influenciadores técnicos.
5. Compradores técnicos.
6. Otros influenciadores/aliados (secretarias, funcionarios, etc.).

Elementos para tener en cuenta en cuanto a la construcción de nuestra personalidad y carácter de marca:

1. Nuestro nombre y las connotaciones que éste trae (positivas, negativas, etc.).

2. Cómo nos configuramos en cuanto al servicio que ofrecemos (la tecnología que suministramos, los atributos que representamos).

3. La calidad que ofrecemos y cómo ésta es percibida.

4. Los segmentos de clientes que atendemos y su sistema de valores, ideologías e imaginarios vinculados con nuestra persona y servicios (tradicionalistas, innovadores, consumidores de todo lo "nuevo", recelosos, etc.).

5. El plano físico de nuestra apariencia y del *packaging* de los productos que suministramos.

6. El plano simbólico y psíquico de las necesidades fantaseadas que satisfacemos (aliado "fraterno", recurso externo confiable, tecnología de bajo perfil para ayuda en la carrera personal, etc.).

5

ENTENDER EL PROCESO DE CAMBIO

VIVIMOS INMERSOS en un proceso de cambio constante. Esto nos viene de la realidad, la que palpamos cotidianamente a través de nuestra experiencia y lo que nos transmiten los medios de comunicación.

Negar el cambio es negar la realidad, asumirlo es simplemente integrarnos a ella para ser parte de los procesos de transformación que nos afectan como individuos, familia, organización, país... y así sucesivamente.

ASPECTOS CLAVES DEL CAMBIO

1. El cambio supone un corte

Se trata de una alteración significativa en determinado tipo de pautas y patrones establecidos respecto de los comportamientos y expectativas predominantes.

Todo cambio, por lo tanto, supone una modificación del orden constituido, del status quo.

2. El cambio implica una modificación en las reglas de juego preexistentes

Esta modificación puede ser parcial o total y los jugadores deben decidir qué actitud tomar frente a este cambio, aceptación parcial, total o rechazo parcial o total.

3. El cambio puede ser previsible o no

Existen cambios previsibles y otros que lo son menos, algunos de ellos son imprevistos de una manera casi absoluta. A estos se los llama **sucesos de alto impacto y baja probabilidad de ocurrencia**. La caída del muro de Berlín, la aparición del SIDA, el terrorismo globalizado manifestado en el atentado del 11 de septiembre, son ejemplos de sucesos que alteraron profundamente a la humanidad y que cuya previsibilidad era baja o muy baja.

4. El cambio muestra una tendencia hacia la aceleración, manifestándose como un fenómeno permanente

Lo dice el refrán: "lo único que permanece es el cambio". Esta constante aceleración, que implica una velocidad vertiginosa, hace que los fenómenos de permanencia tiendan a esfumarse, aumentando la sensación de carencia de reglas de juego claras.

5. El impacto del cambio sobre los seres humanos es de una magnitud nunca vista anteriormente

Como es característico en los procesos sociales y psicológicos, los hechos cambian más rápidamente que las psicologías de las personas, aumentando en alto grado las sensaciones de caos, desconcierto, falta de identidad, angustia y ausencia de marco normativo.

6. La globalización, la continua innovación tecnológica y los medios de comunicación masivos en tiempo real potencian el cambio

Estos fenómenos coexisten con el fin de las utopías, la amenaza ecológica, los fundamentalismos, la reacción antiglobalizadora, un mayor ejercicio del poder de decisión de los ciudadanos y consumidores y al mismo tiempo una manipulación de la opinión pública por parte de los poderes constituidos.

7. La coexistencia con la incertidumbre, la paradoja, la turbulencia y la ambigüedad forman parte del proceso actual de cambio

Todos estos fenómenos hacen que vivamos un mundo de grises y no de blancos y negros. Manejar la incertidumbre, aprender a imaginar constantemente escenarios alternativos y planes de contingencia, aceptar que un fenómeno puede manifestar simultáneamente aspectos opuestos y contradictorios, forman parte de esta realidad del siglo XXI, nos guste o no.

NOSOTROS Y EL CAMBIO

1. Aceptar el cambio como parte de nuestras vidas

Aceptar el cambio es un signo del criterio de realidad de las personas con una psiquis integrada. Supone una sana impronta de realismo frente a los delirios de quienes fabrican una realidad hecha de fantasía.

2. La aceptación del cambio forma parte del pensamiento estratégico

Pensar estratégicamente implica imaginar un futuro. Si lo podemos hacer, será posible introducirlo en el presente de una manera activa y relevante. También supone una manera de pensarnos como parte de un todo, insertos y condicionados en un contexto que debe tener significación para nosotros.

3. Un cambio acelerado no significa falta de predecibilidad ni imposibilidad de planificación

Lo que sí supone es una obsolescencia de los mecanismos habituales de pensamiento y la necesidad de aceptar que el lapso entre planificación y acción se acorta muchísimo. Este carácter de "mutante" de la realidad implica un gran desafío hacia nuestra adaptación y flexibilidad.

4. Nuestras habilidades para manejar el cambio: liderazgo, control, planificación y evaluación

Si queremos ser artífices de nuestro propio futuro y tratar de lograr ese protagonismo del cual hablamos debemos tener claras aptitudes de liderazgo (empezando por uno mismo), una actitud hacia afuera (observación) que nos permita anticiparnos a los hechos, poder actuar con base a un plan, estar adecuadamente entrenados y aptos para evaluar nuestros éxitos y fracasos.

5. Identificar nuestras propias dificultades y resistencias al cambio

La resistencia al cambio es algo atávico en los seres humanos, tenemos una tendencia a permanecer en la situación actual, a sentirnos cómodos con lo ya aprendido. Por lo que es fundamental aceptar esta contradicción en nosotros mismos, en la medida que lo hagamos adquiriremos mayor flexibilidad en nuestro manejo del día a día.

6. Crear un deseo para el cambio

Como el cambio forma parte de nuestra realidad, oponernos a él supone un alto desgaste de energía. Siendo inevitable y pudiendo identificar su tendencia, estaremos en mejores condiciones de integrar nuestra estrategia y planes de acción en la dirección deseada por nosotros. De otra forma seríamos devorados por fuerzas absolutamente incontrolables por nosotros. Esto no supone una omnipotencia de nuestra parte, sino la aceptación de que hay cosas que no podemos modificar y otras que sí.

EL MANEJO DE LOS PROCESOS DE CAMBIO

1. Los procesos de cambio pueden ser manejados

No todos los procesos de cambio son inmanejables. Es posible generar cambios, influir sobre ellos y poder manejar su ritmo y tendencia, en nosotros mismos y en las organizaciones donde participamos.

2. El mejor cambio es aquél que se hace en forma gradual

Esto es lo deseable. Permite preparar y crear las mejores condiciones para que sea asumido en forma plena y consciente. Es fundamental tratar de no crear un ambiente caótico para el cambio, aunque muchas veces sean inevitables las turbulencias y los desconciertos.

Pequeños e importantes cambios retroalimentan otros en una espiral positiva.

3. El suministro de información, la transparencia, honestidad y participación son elementos claves para manejar el cambio

En la medida que podamos saber la dirección del cambio, las estrategias que le dan sustento, los beneficios que traerá, la claridad y frontalidad por parte de los líderes que lo impulsan y el sabernos protagonistas y parte del proceso, éste podrá ser manejado de una manera más eficiente y confiable.

4. La aceptación, apertura y conocimiento de la cultura predominante aumenta enormemente las posibilidades de éxito de los procesos de cambio

Resulta básico identificar en nosotros mismos y en los que nos rodean cuál es la cultura predominante, para que aceptemos el proceso de cambio iniciado. Desde este punto de vista resulta clave la aceptación del camino propuesto, donde nos encontremos "tirando" y no "siendo empujados". La confianza y una clara comunicación serán fundamentales en todo esto.

5. Interesarnos por el otro es interesarnos por nosotros mismos

En los procesos de cambio es fundamental el deseo de comunicación con el otro y la posibilidad de instauración de un clima de confianza y credibilidad. El siguiente cuadro trata de sintetizar el aspecto clave de la comunicación.

CAMBIAR ES COMUNICARNOS
EL MARCO DE LA COMUNICACIÓN

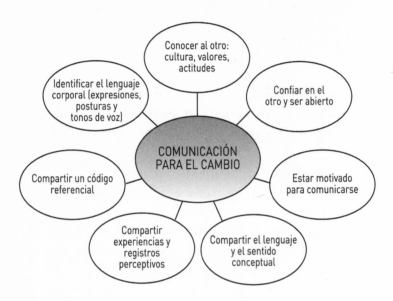

Vemos en el siguiente cuadro que todo proceso de cambio se basa en la comunicación interpersonal. Esto implica:

- Conocer los antecedentes del otro y los otros
- Posibilitar un clima de confianza, apertura y credibilidad
- Manifestar un interés por el otro y un deseo de comunicarse de forma efectiva
- Lograr un mutuo acuerdo acerca del significado de palabras y conceptos
- Compartir códigos, experiencias y marco perceptual común
- Utilizar un lenguaje con puntos comunes de referencia

6. La motivación resulta el impulsor fundamental para los procesos de cambio

Si no estamos motivados, los procesos de cambio se dificultan y pueden no tener lugar. Los factores constantes de estímulo que mantienen y canalizan nuestro comportamiento hacia una meta constituyen el más poderoso factor de cambio. Querer superarnos y el alcanzar un nuevo nivel de funcionamiento que supere la situación actual está directamente relacionado con nuestro marco valorativo. Nuestras necesidades, deseos y demandas tienen que estar alineados con los objetivos de nuestra organización y/o grupo de pertenencia/referencia.

Nada puede ser impuesto o forzado, ya que de otro modo no se lograrían los resultados buscados.

LOS PROCESOS PSICOLÓGICOS QUE HACEN AL CAMBIO

1. Para poder emprender un proceso de cambio necesitamos no estar satisfechos en forma parcial o total con una situación determinada

Efectivamente, si nos encontramos en una situación de confort absoluta, no emprenderemos el proceso de cambio. Esta situación de "incomodidad" supone una serie de procesos:

- Toma de conciencia (darnos cuenta de un estado de situación determinado)
- Entendimiento racional de dicho estado

- Preocupación acerca de la situación actual
- Estado de incomodidad o de no satisfacción
- Predisposición hacia la acción

2. Salimos de una situación de inercia, nos desequilibramos y marchamos hacia un nuevo equilibrio

Este proceso provoca desacomodamientos internos, sensación de desajuste y un deseo de cambiar el esquema actual. Este desequilibrio provoca movimientos y acciones que llevan, en el caso de ser exitosos, a un nuevo equilibrio.

3. La búsqueda de nuevas satisfacciones, en planos superiores, resulta un resorte clave para el cambio

Es famosa la teoría de Maslow, donde el ser humano busca satisfacer nuevas necesidades, a medida que tiene aseguradas aquellas básicas que hacen a su subsistencia. Buscamos constantemente nuevos objetos de satisfacción en planos cada vez más elevados.

4. La búsqueda de una identidad propia, acorde con nuestros deseos y personalidad es un poderoso motor del cambio

Nuestro deseo de individuación, con una personalidad e identidad determinadas, es constante en una lucha permanente contra el anonimato, el hombre-masa y la falta de un perfil diferenciado.

5. Buscamos seguridad y satisfacción de las expectativas individuales, familiares y sociales

Como seres sociales, los humanos buscamos seguridad y estímulos constantes que nos permitan encontrar una razón de ser a nuestra actividad gregaria. Los peores enemigos para dicha seguridad son la falta de un marco estable de normas, la incertidumbre respecto del futuro y la no aceptación por parte de los semejantes que forman el marco social de referencia.

6. Los logros tienden a retroalimentarse en un marco de confianza. Los fracasos refuerzan los comportamientos evitativos y aumentan la inseguridad

De ahí la importancia de las experiencias de satisfacción, las que son reforzadas por comportamientos sucesivos. Una sucesión de fracasos y la imposibilidad de obtener un aprendizaje a partir de ellos provocan una fisura en la confianza y la aparición de comportamientos evitativos e inseguros.

LOS PROCESOS DE CAMBIO, LAS ORGANIZACIONES Y SU DIRECCIÓN

Los procesos de cambio afectan tanto a individuos como a organizaciones. Una persona es en sí misma una organización y en su comportamiento influye sobre otros seres humanos insertos a su vez en diferentes tipos de instituciones.

Esta concepción como "sistema" (sistémica), es la que hace abarcativa la temática que exponemos a continuación.

1. Las organizaciones existosas son las que pueden llevar adelante procesos de cambio con un adecuado equilibrio entre factores duros y blandos, el que potencia las habilidades distintivas

EL DIAMANTE DE LAS SIETE «S»

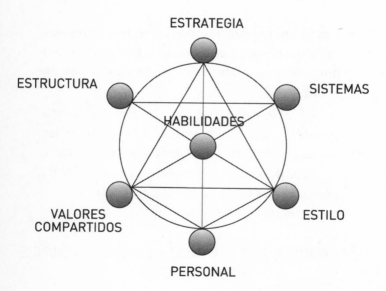

Ya hemos mencionado anteriormente la necesidad de los equilibrios entre los factores duros, y de la ingeniería que brindan contención y marco adecuado a los recursos humanos. Una empresa sin estrategia, sistemas y estructura dejaría a su gente librada al caos y la incertidumbre. Pero también es necesario el enfoque desde las ciencias sociales que incluye a los recursos humanos, los estilos directivos y los valores compartidos que sustentan a toda la organización detrás de su visión y misión. Las habilidades distintivas son las que posibilitan el ganar y retener —mediante los productos adecuados– un lugar estratégico en el mercado.

2. Una empresa en cambio es una organización en constante evolución lo que posibilita nuevos productos y nuevas competencias en un etorno de aliento a la creativilidad e innovación

Los desafíos del contexto en constante cambio tienen su correlato dentro de la organización. Esto se concreta en una tendencia hacia la innovación que se traduce en mejores productos y servicios. El proceso de cambio alinea a la gente, los recursos y la cultura en la dirección que la organización pretende.

3. Una organización en constante cambio también implica nuevas modalidades de dirección

Los siguientes conceptos comparativos tratan de expresar las profundas diferencias que se han instaurado entre una concepción anterior del gerenciamiento y las nuevas modalidades que contemplan a la gente como el máximo activo de cualquier organización.

PRESCRIPCIONES BÁSICAS PARA EL MANAGEMENT DEL SIGLO XXI

- Dirigir por consenso.
- Desarrollar una visión inspiradora.
- Valorar la gente.
- Transferir responsabilidad.
- Invertir en capacitación.
- Desarrollar emprendedores.
- Eliminar burocracia.
- Comunicar — comunicar — comunicar.

LOS CAMBIOS EN LA DIRECCIÓN SIGLO XXI

Antes	Ahora
La organización como máquinas; énfasis en los aspectos duros (estrategia, estructura y sistema).	La organización como organismo; énfasis en los aspectos blandos (estilo, gente y valores).
Modelo jerárquico.	Modelo tipo red.
Resolución de problemas: paso a paso.	Nodos de inteligencia paralelos que rodean y solucionan problemas.
Unidad para asegurar consistencia.	Unidad, separación y contención.
La dirección piensa, los empleados obedecen.	Los directores como facilitadores y los empleados con poder para iniciar mejoras y cambios.
Énfasis en el orden vertical dentro de los departamentos.	Énfasis en el orden horizontal, colaboración entre grupos de trabajo.
Individualismo.	Trabajo en equipo.
Resolución de conflictos.	Mantenimiento de un nivel de tensión constructivo.
Leyes y principios absolutos.	Aproximación a la realidad; coexistencia con paradojas y ambigüedades

CÓMO SE IMPLEMENTAN
LOS PROCESOS DE CAMBIO

1. **Los procesos de cambio siguen una secuencia y metodología que les permite operar eficazmente en un entorno determinado**

   El cuadro siguiente muestra las diferentes etapas involucradas en dichos procesos, los que comienzan siempre por una clara visión estratégica sumada a un liderazgo y decisión desde la dirección.

   La comunicación trata de lograr el compromiso que permitirá una implementación adecuada, con su posterior evaluación tanto en los resultados como en las habilidades y la ratificación o rectificación de la estrategia en función de los logros concretos obtenidos.

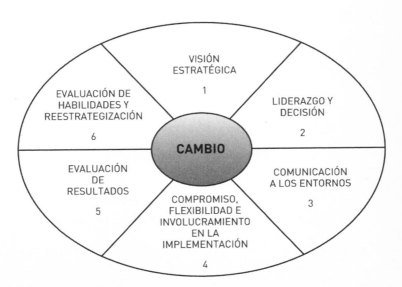

2. Un proceso de cambio trabaja sobre la cultura tanto organizativa como individual, posibilitando llevarlo a la práctica

Esta cultura del cambio contempla los siguientes factores:

- Asunción de la decisión hacia el cambio
- Clara identificación anticipatoria de los problemas y oportunidades que lleva implícito el proceso de cambio
- Búsqueda constante de soluciones innovadoras a través del trabajo en equipo
- Compromiso, confianza, implicación y liderazgo desde la dirección
- Evaluación y asunción de los riesgos que el proceso lleva aparejados
- Alta motivación, entusiasmo y pensamiento positivo
- Adaptabilidad y flexibilidad
- Velocidad de respuesta y comunicación en tiempo real
- Honestidad y coherencia, brecha mínima entre lenguaje y hechos
- Actitud estratégica superando el cortoplacismo

3. Un proceso de cambio necesita determinadas estrategias para su implante exitoso en la organización

- Comunicar completa y abiertamente los cambios que vendrán en el futuro

- Diagnosticar adecuadamente la preparación de la organización y sus miembros para el proceso que se está emprendiendo
- Facilitar procesos y eliminar estructuras y procedimientos obsoletos que dificultan la comunicación interna, la creatividad y el trabajo individual y colectivo
- Explicitar el compromiso e implicación de la dirección y gerencias hacia el proceso de cambio
- Ser honestos, transparentes e íntegros
- Involucrar a toda la organización mediante políticas y acciones adecuadas en todas las áreas funcionales y desde la Dirección de Recursos Humanos
- Permitir una capacitación y entrenamiento permanentes en todas las áreas
- Dar margen para el error, estimular y premiar las actitudes positivas frente al proceso de cambio y desalentar aquellas negativas
- Buscar el contacto personal y la formación de equipos "cruzados" entre diferentes áreas funcionales
- Supervisar constantemente el grado de motivación de todos los participantes
- No quedar fijados rígidamente a esquemas preconcebidos. Estar preparados para cambiar planes y acciones en la medida que la realidad lo exija.
- Evaluar constantemente la ecuación costo-beneficio de las acciones que se vayan implementando

- Tomar conciencia de que el proceso de cambio es permanente

6

EL TRABAJO SOBRE LAS ACTITUDES Y LOS COMPORTAMIENTOS: DICHOS Y REFRANES

CUALQUIER DIAGNÓSTICO, plan estratégico u operativo, tiene que desembocar en acciones concretas que modifiquen la realidad. Claros rumbos, exacta identificación de oportunidades y disponibilidad de recursos de todo tipo son condiciones necesarias pero no suficientes para el éxito.

Nosotros somos los protagonistas de esta historia. Es un proceso indelegable, y por lo tanto resultan fundamentales nuestras actitudes y comportamientos. Tengamos presente que lo único visible de una persona son dichos fenómenos. La historia personal y sus motivaciones, traumas y conflictos subyacen en el interior de cada individuo. Seguramente J. K. Kennedy o Mahatma Gandhi tuvieron infancias con problemas, padres que no los comprendieron y sufrieron mil y un sinsabores, pero ambos han sido personajes conocidos por sus actos y la Historia los ha juzgado en función de ellos.

Somos casi adictos a los refranes y dichos, creemos que son de fácil memorización y tienen un efecto pedagógico muy grande. Queremos incluírlos como un capítulo de este libro, ya que cumplen un efecto aglutinante, ordenador y esclarecedor a la hora de poner en marcha y aplicar en forma de programas de acción (y por lo tanto conductas) nuestros propósitos y planes.

1. Cualquier camino es bueno para quien no sabe a donde va.

Este refrán está basado en una situación del libro *Alicia en el País de las Maravillas*. Alicia le pregunta al gato de Cheshire si ya llegó, pregunta que es contestada con otra pregunta: ¿a dónde vas? (Dime donde vas si quieres saber si llegaste).

Resulta claro que una persona, familia, organización, país, necesitan de un claro rumbo estratégico. Cuando vemos frecuentes cambios y contradicciones en las acciones seguramente estamos ante movimientos puramente tácticos y no regidos por un plan.

2. Que las ramas no nos impidan ver el árbol y el árbol el bosque.

Proverbio chino que es la esencia del pensamiento estratégico. Poder tomar distancia en determinados momentos ayuda a establecer la famosa "mirada a vuelo de pájaro", indispensable para tener en cuenta todas las variables del contexto.

3. Las cosas no son como uno quiere que sean.

Esto origina lo que en psiquiatría se llama "criterio de realidad". La diferencia entre los "locos" (los que están internados en establecimiento psiquiátrico) y "nosotros" (los que estamos afuera) es que ellos no aceptan la realidad tal cual es y crean un mundo propio, el de su delirio, para hacerlo coincidir con sus deseos.

Nosotros nos enfermamos, angustiamos, deprimimos y peleamos para que las cosas cambien, pero aceptamos que el mundo real es diferente al de nuestros deseos.

Este criterio no siempre se cumple en las empresas y en los individuos, y las confusiones se pagan caras.

4. Resulta clave darse cuenta que uno es como es y los demás son como son.

Esto fue dicho por un psicoanalista llamado Pichon Riviere y se refiere a un tema clave que es poder separar lo que yo soy de lo que son los otros, es decir, evitar proyecciones egocéntricas en el análisis de la realidad.

5. Importa lo que piensan los demás.

Y no lo que pienso yo, es decir, que no soy el ombligo del mundo, el eje alrededor del cual se mueven los negocios, mercados y clientes. Yo dependo de mis clientes, los que constituyen el eje de lo que hago. Tengo que descentrarme y pensar como piensan ellos, mirar hacia afuera, controlar los cambios que se vayan produciendo, investigar su comportamiento y el de mis competidores.

6. El objetivo de toda empresa: crear un cliente.

Esto fue dicho por Peter Drucker y está totalmente en concordancia con el punto anterior. No se trata de ganar dinero (que es una consecuencia de crear y conservar los clientes satisfechos), sino de construir relaciones.

7. "Yo tengo un sueño".

Esta frase es de Martin Luther King y se refiere al eje rector que guía la vida de una persona, familia, organización o país. Algo que vale la pena perseguir y que constituye los valores compartidos detrás de los cuales se agrupan las personas.

Una persona sin un sueño que perseguir y lograr es un barco a la deriva.

8. "Seamos realistas, pidamos lo imposible".

Este es un grafitti de mayo del 68 en Francia. Se refiere a la necesidad de atrevernos a soñar, a no reprimirnos y a poder escapar de los mandatos familiares y sociales que impiden el vuelo creativo y la posibilidad de esbozar y concretar proyectos innovadores.

9. Atrévete a refundar tu vida.

En una época se habló mucho de reingeniería, *downsizing, resizing* y otros términos aplicados a las organizaciones. Pero lo más importante es la reingeniería personal, lograr refundar sobre premisas diferentes todo el eje sobre el cual se asentará mi cambio.

10. Encuentra un equilibrio entre tus ambiciones y tus posibilidades.

Lo sabemos muy bien, una persona con ambiciones desmedidas vive en un estado de frustración constante, pero también un individuo con altas posibilidades y baja ambición se transforma en alguien subaprovechado (como un Ferrari utilizado para dar un paseo alrededor de la plaza).

11. ¡Cuidado con la profecía autocumplida!

Si pensamos que algo "no funcionará", terminará cumpliéndose. Debemos aprender a desterrar los pensamientos negativos y la actitud escéptica y descreída.

12. Seamos protagonistas y no espectadores.

Éste es un desafío frente a la vida y reivindica el liderazgo sobre nosotros mismos cómo nos posicionamos frente al devenir de los acontecimientos.

13. Existen tres tipos de personas: las que hacen que las cosas sucedan, las que miran las cosas suceder y las que se preguntan qué fue lo que pasó.

Absolutamente alineado con el punto anterior.

14. Visite Rusia antes que Rusia lo visite a usted.

Refrán atribuído a Ronald Reagan. Si un problema existe salgamos a enfrentarlo. La política del avestruz (esconder la cabeza en la arena) tiene resultados efímeros y negativos. De hecho fue Reagan el que ganó la guerra fría.

15. Si no haces polvo, comes polvo.

Metáfora de los caminos de tierra: sólo el que va delante no recibe la tierra del que le precede. Ser el primero tiene algunas ventajas.

16. Sé líder de lo que puedas cambiar, participa en lo que puedas influir y acepta lo que no puedas cambiar.

Esto implica un paso previo: el poder diagnosticar los hechos que corresponden a cada una de las tres situaciones. Esto permite una gran focalización y economía de esfuerzos.

17. Planifica tu trabajo, trabaja tu plan.

Hay un momento para la planificación y otro para la acción. Alguien sin plan trabaja erráticamente, alguien que sólo planifica jamás podrá modificar ninguna realidad. Es la relación entre teoría y práctica. Entre estrategia y táctica.

18. Lo óptimo es enemigo de lo bueno.

Evitemos el síndrome "análisis-parálisis". Si somos demasiado perfeccionistas dejaremos pasar oportunidades. No olvidemos que la velocidad es una ventaja competitiva.

19. Evita el síndrome del bombero.

Si vivimos apagando incendios y totalmente detrás de los hechos (actitud reactiva y no proactiva), nunca podremos distinguir entre lo urgente y lo importante. Es fundamental poder trazar prioridades en nuestro funcionamiento y ordenar la realidad en función de dichas opciones jerárquicas.

20. Los espacios vacíos se ocupan.

Otros harán (nuestros competidores) lo que nosotros dejemos de hacer. Por acción o por omisión siempre tomamos decisiones, nos guste o no.

21. Mata más la insatisfacción que el tabaco.

Esto lo dijo Deepak Chopra. Está directamente relacionado con nuestro Proyecto de Vida y con la necesidad que tenemos los seres humanos de obtener una relación satisfactoria y armoniosa con las tareas que emprendemos.

22. No tomes la oreja del otro por asalto.

Lo dijo Milan Kundera en *El Libro de la Risa y el Olvido*: "el diálogo no existe, de lo que se trata es de la toma por asalto de la oreja del prójimo". Saber escuchar es clave para comprender a los clientes y futuros clientes, externos e internos. Todo moderno seminario de ventas trabaja sobre las habilidades de escuchar.

23. Nosotros somos los otros de los otros.

Tengamos en cuenta al otro. A esta cualidad, la de ponerse en el lugar del otro, se la denomina empatía. Es clave para cualquier persona que opere en un medio social, comunitario y empresarial (o sea todos).

24. Quien no comprende lo que pasó está condenado a repetir.

Una premisa básica de la vida. De ahí la importancia de los diagnósticos adecuados. Cuántas veces hemos visto personas que se casan y separan con frecuencia, repitiendo en cada nueva pareja los errores de la anterior.

25. Da confianza, credibilidad. Sé predecible.

Es absolutamente indispensable para cualquier plan y proyecto que construya relaciones a medio y largo plazo.

26. Participa, involúcrate y comprométete.

No hay posibilidades de medias tintas y actitudes tibias. Este es un juego donde ponemos el cuerpo y todo nuestro ser.

7

ALGUNOS EJEMPLOS CONCRETOS

UN ABOGADO QUE CAMBIA
EL RUMBO DE SU NEGOCIO

JOSÉ ES UN ABOGADO especialista en derecho de familia, su área de acción son las sucesiones, las separaciones y los divorcios controvertidos. Ha construído un prestigio sólido a lo largo de años de práctica profesional, pero advierte que no se encuentra satisfecho al haberse vuelto rutinario en su actividad diaria y sin grandes desafíos que lo estimulen.

Al mismo tiempo percibe que donde más disfruta creativamente es en el asesoramiento financiero a sus clientes, ya sea para poder determinar el valor de los bienes en juego, como para determinar si existen activos ocultos a la sociedad familiar y que han sido fraudulentamente manejados por la otra parte. También visualiza un nicho importante en el ámbito de la planificación financiera.

José decide dar un vuelco en su actividad profesional abriendo otra unidad de negocios y creando una institución de asesoramiento en servicios financieros, que incluye planificación financiera, seguros de todo tipo, cartera de inversiones (locales y fuera del país) y consultoría en la sucesión familiar.

La práctica del derecho de familia se transforma así en un canal de distribución para su nueva unidad de negocios. Sus colegas dejan de ser competidores para convertirse en aliados y socios en su nuevo negocio, que es activamente comunicado a través de un pequeño núcleo de ejecutivos de cuenta, (todos ellos jóvenes abogados con espíritu comercial y emprendedor).

UNA MÉDICA DERMATÓLOGA
QUE REORIENTA SU PRÁCTICA PROFESIONAL

Daniela es una médica dermatóloga de 45 años que goza de mucho prestigio como especialista en afecciones provocadas por hongos (micosis). Catedrática y autora de numerosos libros en su especialidad, tiene como principales fuentes de pacientes a otros especialistas en dermatología, que le derivan los casos difíciles y de tratamiento crónico y complicado.

Daniela encuentra que existe un desequilibrio entre su desarrollo y prestigio académicos y el nivel de ingresos que pretende para ella y su familia y decide emprender un cambio.

Dentro del mercado del cuidado de la salud existen dos tipos de segmentos: el que "cura la enfermedad" y el que "prolonga la vida". Los clientes del primero son reacios a pagar grandes honorarios porque los enfermos o bien niegan su condición o bien evitan consultar con un especialista.

En cambio en el segmento que "prolonga la vida" los clientes aceptan gustosamente pagar mayores cifras porque perciben un valor positivo en su inversión: prolongar la vida, mejorar su actividad diaria, mejorar el aspecto físico y la calidad de los años que se tienen por delante.

Daniela decide crear un Instituto de Estética Dermatológica donde se trabaje con el concepto de "cirugía no invasiva", es decir con métodos no agresivos de mejora de la piel, corrección de defectos y aumento de la belleza y la estética. Su trabajo es interdisciplinario y conforman su equipo un grupo de profesionales que incluyen nutricionistas, fisioterapeutas, profesores de educación física y cosmetólogos.

La alta tecnología de los aparatos que emplea y el excelente resultado de los productos utilizados (de última generación en medicina y cosmética dermatológica) son la base de un negocio, donde además interviene un núcleo de promotoras y visitadoras médicas reclutadas en la clase media alta y con una amplia red de relaciones que generan un efecto multiplicador de contactos y clientes.

UN ESPECIALISTA EN SISTEMAS QUE SE VUELVE CONSULTOR

Carlos es un especialista en sistemas en el sector de las telecomunicaciones. A su título de ingeniero añade un postgrado en administración de negocios y posee experiencia como Gerente de Sistemas en una empresa internacional de telefonía móvil. Recientemente ha dirigido una compañía de ingeniería de software, que diseña e implementa diferentes programas para otras empresas y consultoras.

Su deseo es poder incorporarse a una consultora internacional donde poder hacer valer todos sus conocimientos y habilidades.

El mercado de consultoría en sistemas viene sufriendo fuertes cambios desde hace unos años y esto se ha acelerado por la crisis de las grandes firmas internacionales de auditoría, ya que han sido fuertemente cuestionadas (escándalo Enron y otros) por la continuada expansión de negocios que las lleva a conflictos de intereses entre sus diferentes unidades de negocio.

Carlos está muy atento a dichas transformaciones y ha identificado un nicho de oportunidades estratégicas en las empresas de informática tradicionales (IBM, Hewlett Packard, etc.), que buscan una mayor integración y rentabilidad orientándose hacia el negocio del software y la consultoría. También se están produciendo fuertes movimientos en las llamadas "cuatro grandes" firmas de auditoría, dividiéndose o fusionándose en nuevos proyectos empresariales.

A partir de los contactos personales que posee, Carlos ha hecho llegar su CV a cinco empresas multinacionales de informática y está teniendo entrevistas. Su objetivo número uno es la empresa de consultoría recientemente creada por IBM, que compró la firma de consultoría de Price Coopers. Su objetivo número dos es la también relanzada firma Bearing Point, la que incluye la anterior KMPG Consulting y unidades de la desaparecida Arthur Andersen.

Profesionales como Carlos son candidatos interesantes para este tipo de empresas y un inteligente posicionamiento como el que está efectuando seguramente redundará en una exitosa reinserción profesional de su parte.

UN PIANISTA QUE DESEA EJERCER
LA PROFESIÓN DE MÚSICO

Esto parece una contradicción, pues Mario ha desarrollado una excelente carrera como pianista. A tal fin tomó clases con los mejores profesores, se presentó a diferentes concursos y alcanzó un prestigio suficiente como para ampliar su cartera de alumnos de interpretación de este instrumento.

¿Es Mario un músico profesional? Sí y no, dependiendo de sus preferencias y objetivos. Mario tiene una concepción más generalista de su profesión y tiene como objetivo último alcanzar la posición de director de orquesta. Ha terminado un curso de dos años de dirección orquestal y pretende obtener oportunidades para concretar su objetivo. Por otro lado desea introducirse en el ámbito pedagógico organizando talleres de música de cámara.

Para ello se definió metas intermedias, la más importante de las cuales es dirigir formaciones corales. Ser director de coros supone manejar masas de intérpretes, la disciplina que significa liderar un grupo, encarar complejas obras polifónicas y un rosario de representaciones públicas un tanto diferentes a las del intérprete individual.

Pero además se ha propuesto realizar una intensa campaña de relaciones públicas a nivel institucional y participar en eventos sinfónico-corales (donde participa el coro con una orquesta) como medio de aproximación a una dirección más integral.

Al mismo tiempo ha organizado un taller piloto sobre interpretación de música de cámara a cargo de una prestigiosa pianista de cámara, que ha tenido un gran éxito de inscripciones.

Existen ejemplos de pianistas que se convirtieron en importantes directores orquestales, el más reciente es el de Daniel Barenboim, modelo que Mario ha tomado como meta para su carrera.

Pero lo que definió claramente su rumbo fue responder a la pregunta: ¿Cuál es mi negocio futuro? La respuesta no fue la interpretación pianística sino el de la música.

UN ECONOMISTA QUE CAPITALIZA SU POSICIÓN SOCIAL

Damián es economista y pertenece a la clase alta. Se ha educado en uno de los mejores colegios privados religiosos de la capital y su familia posee grandes extensiones de tierra dedicadas a la actividad agropecuaria. Es miembro de la Sociedad Rural y del club más exclusivo y está casado con una dama de ilustre apellido.

El despacho de Damián asesora a diferentes empresas en temas de administración, contabilidad e impuestos. Tiene dos socios y una pirámide profesional compuesta por otros veinte miembros.

Damián es de perfil bajo y extremadamente conservador y cauteloso a la hora de hacer contactos y relaciones públicas.

Por otra parte no está satisfecho con la evolución de sus negocios, percibe que existe un potencial que está desaprovechado y que es necesario efectuar cambios en la manera en que está posicionando su práctica profesional.

Finalmente Damián decide cambiar de actitud y capitalizar las relaciones y contactos que posee desde hace años.

Para ello toma la decisión de especializarse en la rama de actividad de negocios agropecuarios y aumenta la oferta de sus servicios asociándose con una consultora de ingenieros agrónomos, de manera de configurar una oferta integral para el segmento mencionado.

Al mismo tiempo asume un rol más activo en la Sociedad Rural, dirigiendo una subcomisión de administración agropecuaria y participa en la asociación de graduados de su Colegio, lugar donde se han generado los vínculos más valiosos, tanto amistosos como de negocios, de los últimos años.

Damián no ha traicionado la esencia de lo que es, simplemente ha decidido tomar partido de lo que su historia personal y su origen social le posibilitan.

UN CONSULTOR QUE CAMBIA DE VIDA

Enrique es ingeniero industrial y especialista en planeamiento de la producción. Ha sido ejecutivo durante varios años y su experiencia en empresas industriales internacionales le permitió instalar su propio despacho de consultor, actividad que ejerce en forma unipersonal y con una muy pequeña estructura.

La globalización de los negocios y la complejidad de los procesos productivos donde diferentes países producen partes y componentes que luego se integrarán en diferentes cadenas de insumos y comercialización ha hecho que los clientes de Enrique le soliciten cada vez con mayor asiduidad viajes constantes hacia diferentes filiales ubicadas en varias naciones y continentes.

Enrique es al mismo tiempo un marido ejemplar y padre feliz de cinco niños, a los que quiere educar y atender como corresponde a alguien responsable.

Teniendo treinta y ocho años de edad es también un deportista de alto nivel, con una marcada predilección por el montañismo y el esquí, actividad que desarrolla de una manera casi totalmente profesional en cuanto a destreza y entrenamiento.

Las exigencias de su actividad de consultor han entrado en colisión con su proyecto personal y familiar y siente que tiene que tomar decisiones estructurales respecto de su vida.

Finalmente Enrique decide emprender un giro profesional importante constituyendo, junto con un amigo de la infancia, una empresa de turismo de aventura dedicada a los circuitos de *trekking* y montañismo, donde ellos mismos serán guías especializados para selectos grupos de turistas de alto poder adquisitivo.

Esta actividad se desarrollará en la zona del Pirineo, la que no se encuentra lejos del lugar de residencia de Enrique, posibilitándole un mayor equilibrio para su proyecto de vida.

UNA PSICOANALISTA ABURRIDA DEL DIVÁN

Berta es psicoanalista de orientación lacaniana. Como médica se especializó primero en pediatría pero luego descubrió que le interesaban los procesos de la psiquis humana y encontraba placer en ayudar a la gente.

Se vinculó con un grupo psicoanalítico y completó una carrera de postgrado en una prestigiosa institución donde fue evaluada por los profesores más experimentados.

A lo largo de los años (Berta tiene cuarenta y cinco) fue construyendo una reputación como psicoterapeuta que le permitió poseer un importante caudal de pacientes adultos, los que le aseguran una tranquilidad económica y profesional.

Sin embargo Berta no se siente totalmente cómoda con su trabajo actual, encuentra que estar sentada a espaldas de sus pacientes, interpretando sus discursos y acciones, le resulta un tanto estático y aburrido para alguien que como ella busca más acción e interacción, con resultados concretos e inmediatos (los procesos de elaboración de los pacientes son lentos y de difícil resolución).

Por otro lado a través del tiempo ha ido ayudando a parientes y amigos en la resolución de diferentes problemas cotidianos. Su visión objetiva e independiente, su natural simpatía y calidez le han permitido manejar muy exitosamente las relaciones interpersonales y al mismo tiempo le permitió darse cuenta de ciertas cualidades innatas de liderazgo que posee.

Berta ha decidido "dar un golpe de timón" y constituir una agencia de vínculos de pareja con fines serios y estables, para lo cual ha alquilado un piso en la mejor zona de su ciudad de residencia.

A diferencia de otros competidores, le ha dado un encuadre totalmente profesional a su actividad, realizando entrevistas psicológicas que incluyen tests proyectivos y configurando un banco de datos de mucha riqueza de información, que le permite disponer de gran variedad de perfiles en función de aspectos múltiples, logrando con ello que las afinidades puedan encontrarse, asegurando mayores posibilidades de éxito en los encuentros personales que genera.

Pero su gran diferenciación competitiva es la confianza y seguridad que despierta en sus clientes, ya que trabaja en forma personal cada caso y de una forma totalmente honesta y transparente.

LA DECISIÓN DE UN EJECUTIVO: CABEZA DE RATÓN O COLA DE LEÓN

Marcelo es un ejecutivo de la industria farmacéutica. Ha desarrollado su carrera en una empresa europea multinacional y su especialidad es el cálculo de proyectos de inversión.

Siempre ha formado parte del staff de profesionales de alta capacitación que rodean a los números uno de las organizaciones. Su carácter tranquilo y no generador de conflictos, alta capacidad de trabajo, inteligencia y sistematicidad han sido virtudes reconocidas por la empresa y una cadena de ascensos fueron el justo premio a su esfuerzo.

Ahora bien, la empresa se ha fusionado recientemente con otra de origen estadounidense (hecho absolutamente habitual en años recientes dentro de dicha industria) y la situación interna se encuentra convulsionada. Como es lógico, todo el mundo se pregunta cuál será la situación de los recursos humanos en el futuro. Toda fusión supone períodos de transición donde existen conflictos, choques culturales y luchas por posiciones de poder.

También supone oportunidades para los ejecutivos más valiosos. El jefe de Marcelo lo ha llamado y le propone dos caminos: ingresar a la línea con la posibilidad de manejar directamente una unidad de negocios, con plena responsabilidad por los resultados obtenidos y una estructura de noventa personas a su cargo o continuar con las tareas actuales reportando a él (y en este caso con una apuesta fuerte: si el número uno resulta quien finalmente quede a cargo de la empresa fusionada, todo será cada vez mejor, si no es así, las posibilidades de despido son altas, ya que todo nuevo directivo trae consigo su gente de confianza).

Marcelo evalúa estas dos opciones: la tentación es grande en cuanto a asumir una posición en el frente de batalla, equivale a ser número uno de una división, mayores ingresos y figuración dentro de la empresa, personal a su cargo y posibilidad de conseguir resultados tangibles y en plazos no muy extensos. Pero también mayores riesgos.

Marcelo se pregunta si el principio de Peters se aplicará en su caso (toda persona alcanza su mayor nivel de ineficiencia y allí permanece) y su inquietud se refiere a si está preparado para ser número uno. En realidad a él no le incomoda ser número dos, no es un ególatra y encuentra gran satisfacción en su trabajo y en la calidad de vida que tiene (cumple horarios razonables que le permiten asistir a conciertos de música clásica y jazz, una de sus pasiones).

Finalmente Marcelo decide que entre las oportunidades y riesgos de la propuesta que le formulan prefiere jugar su destino en la empresa secundando a su jefe y tratando de lograr que su ascenso lo eleve también a él.

UNA ARQUITECTA QUE SE CONVIERTE EN EMPRESARIA

Julieta se ha especializado como arquitecta en el diseño de stands para exposiciones y ferias de todo tipo. Es excepcionalmente creativa y tiene como clientes a gran número de empresas que requieren sus servicios en forma constante y sistemática.

Como parte de su trabajo Julieta se ocupa de contratar a los proveedores que manufacturan las diferentes partes de un stand: carpinteros, electricistas, especialistas en comunicación visual, etc. Pero también tiene que enfrentar los problemas habituales de quienes contratan a especialistas: falta de formalidad, impuntualidad, costos cambiantes y calidad no siempre pareja.

Esto la tensiona, ya que es altamente responsable y ocuparse de la dirección de obra le trae menos placer que el diseño, para el cual es exitosamente competitiva. Los recursos que ella contrata no responden a sus estándares de calidad y no sabe cómo encontrar una solución al tema.

Finalmente Julieta decide salir de su rol de profesional independiente y asumir un carácter de empresaria "técnica", vendiendo stands llave en mano a sus clientes, asumiendo responsabilidad total por la calidad, precios y plazos de entrega de sus productos.

Contrata en relación de dependencia a un selecto núcleo de artesanos de alta calidad y toma a un especialista en administración y finanzas como gerente.

En un principio encuentra dificultades para conciliar sus aspectos profesionales de arquitecta con aquellos empresariales, pero la confianza de sus clientes la alienta para continuar el desafío y aprender a delegar tareas y rodearse de gente competente que le posibilite persistir en el crecimiento que se propone.

UN ENFOQUE DIFERENTE PARA
EL TRATAMIENTO DE LA OBESIDAD

Ricardo es nutricionista en una clínica para el tratamiento de la obesidad. Esta institución trabaja sobre el triángulo medicación-actividad física-dieta. Con esto consigue resultados espectaculares pero no sostenibles en el tiempo. La adicción a medicamentos derivados de las anfetaminas resulta un obstáculo insalvable en tratamientos donde se sabe que el éxito no es la reducción de peso sino su mantenimiento a lo largo del tiempo.

Ricardo sabe que existen otras opciones, la mayoría inspiradas en el modelo de los *weight-watchers* (cuidadores de peso) de los Estados Unidos, que basa su éxito en los grupos de autoayuda y la presión institucional sobre los obesos.

También existen tratamientos combinados entre médicos endocrinólogos y psicólogos entre los cuales se intenta tratar al paciente de una manera integral, cuerpo y psique.

Hace tiempo que Ricardo tiene la idea de fundar una institución multidisciplinaria donde la obesidad y su tratamiento no sean atendidos en forma compulsiva sino voluntaria. Sabe que esto sólo será exitoso en una fracción del mercado, pero le parece extremadamente interesante este desafío.

Junto con un médico psiquiatra y un profesor de educación física constituyen una sociedad cooperativa donde cada paciente será accionista de ella y activo difusor de su razón de ser.

El trabajo integrado será pues: dieta personalizada, capacitación y entrenamiento en el conocimiento en profundidad del problema de la obesidad, psicoterapia individual y la asistencia de un entrenador personal para un programa individual de actividad física.

Un inversor privado aporta su capital para el lanzamiento del proyecto, el cual está focalizado en el segmento profesional-empresario-intelectual de clase media y con ideología predominante verde-ecológica-new age.

UNA ARTISTA PLÁSTICA CREATIVA

Graciela es una pintora de estilo surrealista que viene desarrollando su carrera profesional en forma esforzada y con resultados variables.

La enorme competencia existente, la profusión de galerías de arte, muchas de ellas con un sentido totalmente comercial, y la gran cantidad de concursos de diferentes instituciones configuran un cuadro de extrema dificultad para conseguir satisfacción profesional y éxito económico.

Graciela es también una excelente artesana, en su época de juventud se dedicó a la confección de joyas de plata, las que comercializaba en ferias populares y de artesanía en diferentes ciudades. Esta habilidad no ha sido ejercida últimamente, ya que fue desplazada por la actividad pictórica.

Durante recientes visitas al museo Dalí, en Figueras, Graciela ha podido apreciar las múltiples facetas del famoso artista y sobre todo darse cuenta de que es posible tener diferentes fuentes de creatividad y expresión. La dedicación de Picasso a la escultura, alfarería y otras técnicas artísticas también la impresionó profundamente.

Desde el punto de vista de los posibles clientes, Graciela ha podido determinar que existen puntos intermedios y opciones diferentes entre los compradores de cuadros y de escultura. Estos nichos se ubican en los llamados "objetos artísticos", los que no son fácilmente encasillables en ninguna categoría.

Combinando técnicas de collage, papel maché, objetos curiosos, libros antiguos, pintura y alfarería, Graciela ha configurado productos absolutamente diferenciados que escapan a una definición tradicional.

De la misma forma su comercialización no es exclusiva a través de galerías de arte sino también en casas sofisticadas de regalos e inclusive restaurantes y bares no tradicionales que exponen objetos de arte de todo tipo.

El emprendimiento ha sido exitoso y la demanda constante, al punto tal que Graciela ha constituido una pequeña industria con tres artesanos que colaboran con ella.

RECICLAR LA PROFESIÓN RECICLANDO VIVIENDAS

Jaime es un decorador de interiores de talento y que es llamado constantemente por los arquitectos y casas de decoración para cumplimentar trabajos para clientes.

El problema que encuentra en su profesión es que no puede llegar al cliente final, es decir que depende de los canales de distribución que le derivan trabajos. Esto trae dificultades en la rentabilidad de sus tareas profesionales y en que se siente subordinado a las directivas de otras personas que son las que mantienen la relación con el cliente.

También sucede que no tiene suficiente paciencia para tratar con los usuarios de las viviendas, los que suelen ser cambiantes, a veces caprichosos y excesivamente influenciables por sus relaciones y parientes.

Jaime conoce perfectamente a los diferentes oficios y profesiones que configuran la provisión de productos y servicios para construir y refaccionar una vivienda (plomeros, albañiles, pintores, electricistas, etc.).

También tiene llegada a excelentes comercios mayoristas que brindan materiales de construcción y decoración de gran calidad y a precios muy competitivos.

Jaime ha decidido cambiar totalmente el enfoque de su profesión y se ha asociado con un arquitecto y el propietario de una inmobiliaria. Han aunado capitales y especializaciones complementarias y constituyeron una empresa dedicada a la transformación de antiguas fábricas y depósitos comerciales en unidades de vivienda no convencionales tipo "loft".

Su socio inmobiliario posee un olfato fuera de lo común para detectar unidades por reciclar en barrios de gran potencial y con un precio de compra muy conveniente. También es experto en vender las unidades ya terminadas.

Su socio arquitecto es muy creativo y se encarga del diseño de las unidades y la dirección de obra.

Jaime identifica los mejores materiales y proveedores y diseña y ejecuta la decoración final de las viviendas.

Todos comparten las generosas utilidades que está originando la nueva empresa.

ENCONTRANDO UNA ESPECIALIDAD MÁS COMPETITIVA

Roque es un médico cardiólogo de cuarenta y un años, sumamente estudioso y con claras habilidades de comunicación con sus pacientes.

Ha hecho su residencia en un excelente hospital y abierto su consulta privada en un barrio de clase alta. También está vinculado con dos clínicas de tamaño mediano a las cuales asiste dos veces por semana.

Roque encuentra que existen demasiados cardiólogos generales y que las subespecializaciones exigen muchas veces una inversión en tecnología que está fuera de su alcance financiero. Tampoco le agrada la cirugía como opción profesional.

Roque ha visto una oportunidad profesional en el área de tratamiento de la hipertensión arterial. Efectivamente, anteriormente esta enfermedad era tratada o por los médicos de cabecera o por los cardiólogos.

Ahora las cosas han cambiado. La complejidad de los tratamientos y el aumento constante en el número de hipertensos han configurado a la terapia antihipertensiva como una especialidad separada y con aún pocos médicos que se han dedicado a ella exclusivamente.

Roque ha estudiado en profundidad el tema y presentado trabajos en varios congresos científicos. Por otro lado comprendió perfectamente que uno de los pilares de la terapia contra la presión arterial es el del seguimiento de una dieta de bajo contenido de sal por parte del paciente. Esto permite una menor utilización de medicación con sus consiguientes beneficios.

La tarea de educación para una dieta adecuada forma parte de los esfuerzos de Roque, quien trabaja en equipo con otros especialistas en diferentes disciplinas para conseguir un cambio profundo en los hábitos de vida del paciente.

Todas estas actividades han posibilitado un reconocimiento profesional y su postulación exitosa como Jefe del Servicio de Hipertensión del más importante hospital de su ciudad de residencia.

8

EL PLAN DE MARKETING PERSONAL
LAS HERRAMIENTAS

EN ESTE CAPÍTULO vamos a brindar una serie de herramientas destinadas a construir el Plan de Marketing Personal.

Se trata de una metodología que sugerimos y que puede ser adoptada en su totalidad o sólo parcialmente, queda a cargo de cada lector esta decisión.

Como vemos en el gráfico siguiente, la metodología del Plan comprende dos fases: la de los diagnósticos y la de los objetivos, estrategias y acciones vinculados con el futuro.

Hemos delimitado cuatro áreas: personal, profesional, negocios y marketing, tratando de integrarlas en un marco general que exprese finalmente la integración de todas ellas en un proyecto de vida.

Brindaremos una explicación previa a cada herramienta, con ánimo de facilitar su comprensión y utilización.

El plan de marketing personal:
Esquema general

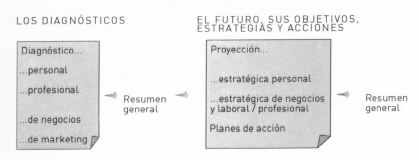

LOS DIAGNÓSTICOS

EL FUTURO, SUS OBJETIVOS, ESTRATEGIAS Y ACCIONES

Diagnóstico...

...personal

...profesional

...de negocios

...de marketing

Resumen general

Proyección...

...estratégica personal

...estratégica de negocios y laboral / profesional

Planes de acción

Resumen general

HERRAMIENTA N° 1
Diagnóstico personal: Mi vida

Esta primera herramienta trabaja sobre el diagnóstico personal. Hemos delimitado once diferentes planos que integran
nuestra vida y que comprenden desde el lugar donde vivimos
hasta nuestra inserción comunitaria, pasando por aspectos como
la calidad y condiciones de vida, la creatividad e innovación
y mis valores éticos y morales.

Lo que pedimos es un muy breve resumen de lo que hemos logrado y tenemos y una exposición también muy breve
de lo que queremos lograr y tener en el futuro. La tercera
columna describe la respuesta, es decir, lo que haremos.

FACTORES Y ATRIBUTOS	QUÉ LOGRÉ QUÉ TENGO	QUÉ QUIERO LOGRAR QUÉ QUIERO TENER	MI RESPUESTA QUÉ HARÉ
• Dónde vivo (barrio / ciudad / país)			
• Mi trabajo Profesión			
• Calidad Condiciones de vida			

FACTORES Y ATRIBUTOS	QUÉ LOGRÉ QUÉ TENGO	QUÉ QUIERO LOGRAR QUÉ QUIERO TENER	MI RESPUESTA QUÉ HARÉ
• Mi economía			
• Mis intereses			
Gustos			
• Mi familia			
• Mi relación trabajo			
Calidad de vida			
• Creatividad			
Innovación			
• Mis valores éticos y morales			
• Mis amigos y afectos			
• Mi inserción			
Aporte comunitario			

HERRAMIENTA N° 2
DIAGNÓSTICO PROFESIONAL:
CALIFICO MIS HABILIDADES

Esta segunda herramienta se refiere al diagnóstico profesional y trabaja sobre la calificación de nuestras habilidades. Hemos descrito veinticuatro habilidades que consideramos claves, que hacen a nuestra persona y tienen una estrecha vinculación con el aspecto profesional. Este ejercicio requiere un profundo sinceramiento con nosotros mismos y es importante poder cuantificarlo. Para ello tomamos una escala de 1 a 5, donde 1 representa una calificación muy pobre y 5 muy buena. La primer columna, donde todas las variables tienen cinco puntos, representa la puntuación ideal. La segunda nuestra propia calificación y la tercera la diferencia resultante de restar la puntuación real de la ideal.

Resulta evidente que cuanto mayor sea el resultado de la diferencia, más se estará marcando una prioridad para abordar y corregir la dificultad que esto represente.

HABILIDAD	Ideal	Real	Diferencia (Ideal – Real)
• Capacidad para aprender	5		
• Sostener relaciones a largo plazo	5		
• Familiaridad y actitud frente a la tecnología	5		
• Saber escuchar y expresión (comunicación)	5		
• Flexibilidad para el cambio	5		
• Capacidad de manejar situaciones conflictivas	5		
• Habilidades comerciales y de ventas	5		
• Creatividad e innovación	5		
• Alta autoestima y motivación	5		
• Pensamiento estratégico	5		
• Predisposición a la acción	5		
• Predisposición favorable hacia la disciplina y la autoridad	5		
• Planificación y organización	5		
• Manejo adecuado de relaciones interpersonales	5		
• Trabajar duro y sistemáticamente	5		
• Liderazgo	5		
• Negociación	5		
• Trabajo en equipo	5		
• Toma de decisiones	5		
• Delegación	5		
• Ayudar a otros a crecer y aprender	5		
• Tolerancia a la frustración	5		
• Habilidad para hacer dinero y cobrar honorarios / remuneración	5		
• Compromiso e involucración	5		

HERRAMIENTA N° 3
DIAGNÓSTICO PROFESIONAL:
MI HISTORIA PROFESIONAL Y LABORAL

Describo mis logros, éxitos y satisfacciones más importantes en el plano Profesional – Laboral.

Esta herramienta trata de describir cuáles fueron nuestros logros, éxitos y satisfacciones más importantes en el plano profesional-laboral. Sugerimos elegir una cantidad de cinco ejemplos y de cada uno de ellos tratar de resumir qué tipo de explicación, enseñanza o aprendizaje nos dejó.

DESCRIPCIÓN	EXPLICACIÓN / ENSEÑANZA / APRENDIZAJE

HERRAMIENTA N° 4
DIAGNÓSTICO PROFESIONAL:
MI HISTORIA PROFESIONAL Y LABORAL

Describo mis fracasos, frustraciones, dificultades más importantes en el plano profesional - laboral.

Esta herramienta trabaja sobre los aspectos contrarios a la anterior: los fracasos, frustraciones y dificultades que más impactaron nuestra vida profesional-laboral. También recomendamos circunscribirnos a cinco ejemplos.

DESCRIPCIÓN	EXPLICACIÓN / ENSEÑANZA / APRENDIZAJE

HERRAMIENTA Nº 5
DIAGNÓSTICO PROFESIONAL:
SATISFACCIÓN PROFESIONAL Y LABORAL

Aquí formulamos cuatro preguntas que se refieren a nuestro trabajo y profesión y que tienden a focalizar aquello que más nos satisface.

1) Si tuvieras cinco millones de euros, ¿a qué te dedicarías?
2) ¿Qué cosas te satisfacen de tu trabajo / profesión?
3) ¿Qué cosas no te satisfacen de tu trabajo / profesión?
4) ¿Cuál es tu trabajo / profesión ideal / más soñado/a?

HERRAMIENTA Nº 6
DIAGNÓSTICO PROFESIONAL:
HABILIDADES DISTINTIVAS

Una habilidad distintiva es lo que nos da diferenciación competitiva y nos ayuda a configurar nuestra marca. En este ejercicio estamos pidiendo la descripción de lo que mejor sabemos hacer y que se traduce en productos y servicios de primer nivel por los cuales nos eligen nuestros clientes externos o internos.

La herramienta nº 2 de calificación de nuestras habilidades nos facilita el camino para poder cumplimentar la presente.

> Describe aquellas habilidades profesionales/laborales por las cuales crees que eres único y diferente de tus competidores, y de los cuales sientes particular satisfacción y orgullo.
>
> •
>
> •
>
> •
>
> •
>
> •
>
> •

HERRAMIENTA N° 7
DIAGNÓSTICO PROFESIONAL: FACTORES CLAVES DE ÉXITO EN MI PROFESIÓN O TRABAJO Y MI COMPARACIÓN FRENTE A ELLOS

Aquí solicitamos exponer aquellos factores clave que garantizan el éxito profesional en la especialidad o lugar de trabajo. Se trata de indicar "lo que hay que tener" para ser exitoso. Un ejemplo de un factor clave de éxito puede ser "excelente red de vinculaciones sociales".

También aquí pedimos autocalificarnos en una puntuación de 1 a 5 y compararnos con la puntuación ideal. La mayor diferencia muestra aquellos factores sobre los cuales tendremos que trabajar con prioridad.

FACTOR CLAVE DE ÉXITO	IDEAL (5)	MI AUTOCALIFICACIÓN (1 a 5)	DIFERENCIA
•			
•			
•			
•			
•			
•			
•			
•			
•			
•			
•			
•			
•			
•			

HERRAMIENTA N° 8
DIAGNÓSTICO DE NEGOCIOS:
¿CUÁL ES MI NEGOCIO ACTUAL?

El análisis del negocio donde estamos actualmente comprende tres variables que son: las necesidades de los clientes, los segmentos que atendemos y las tecnologías, productos y servicios con los que satisfacemos dichas necesidades.

Esto es aplicable tanto para quien sostiene una práctica profesional independiente (por ejemplo un abogado especializado en derecho de familia) o para un profesional que trabaja para terceros (por ejemplo un ingeniero especializado en robótica y que trabaja en una planta industrial donde tiene clientes internos que requieren sus servicios).

Solicitamos un resumen de pocas líneas para poder sintetizar dónde consideramos que está nuestro negocio, por ejemplo: "mi negocio consiste en resolver positivamente los divorcios en segmentos de la clase media alta a través de técnicas de negociación y mediación que preserven la continuidad del vínculo con los hijos".

- Necesidades de los clientes:
- Segmentos de clientes:
- Tecnologías, productos, servicios:
- Resumen:

HERRAMIENTA N° 9
DIAGNÓSTICO DE NEGOCIOS:
ANÁLISIS DEL ENTORNO MACRO Y MICROECONÓMICO

Vamos a comenzar a analizar los diferentes entornos que condicionan o impactan en nuestra práctica profesional. Al estar inmersos en un contexto cambiante y muchas veces turbulento debemos prever el futuro e imaginarnos el desarrollo de los acontecimientos en un plazo que podría ser de un año.

El primero de los entornos es el macro y microeconómico. En el macroeconómico tomamos los factores económicos (mercados, capital, recursos críticos, costos, precios, estado de la economía y las ramas de la industria y los servicios, etc.) que afectan la demanda de nuestros productos y servicios. En el microeconómico tomamos específicamente la organización para la cual trabajamos (la cual a su vez se inserta en una industria y mercados específicos).

Tomaremos aquí cada factor clave (primera columna) y cómo pensamos que impactará sobre nuestro negocio/organización en el futuro (segunda columna). La tercera indicará nuestra respuesta frente a este impacto (lo que haremos).

Un ejemplo: un aumento de los precios de los servicios en los mercados donde participamos (factor macroeconómico) impactará en una menor demanda por parte de mercados y segmentos (impacto) y nuestra respuesta será aumentar la diferenciación y calidad para poder sostener precios sin perder clientes.

FACTOR	IMPACTO	RESPUESTA
•		
•		
•		

HERRAMIENTA Nº 10
DIAGNÓSTICO DE NEGOCIOS:
ANÁLISIS DEL ENTORNO TECNOLÓGICO

Aquí consideramos las tendencias tecnológicas, innovaciones y aplicaciones que puedan estar impactando nuestro negocio o el de la organización para la cual trabajamos. La aparición de nuevas tecnologías puede volver rápidamente obsoletas las existentes y hacer que el valor percibido por nuestros clientes pueda diluirse rápidamente.

FACTOR	IMPACTO	RESPUESTA
•		
•		
•		

HERRAMIENTA N° 11
DIAGNÓSTICO DE NEGOCIOS:
ANÁLISIS DEL ENTORNO DE LOS CLIENTES

Este entorno incluye las necesidades, requerimientos, comportamientos, hábitos, valores y situaciones de aquéllos con los cuales hacemos negocios o brindamos servicios. Ponernos en lugar de ellos y aprender qué están experimentando y cómo reaccionan frente a los cambios en sus propios contextos es fundamental para adecuar nuestras estrategias y acciones futuras.

FACTOR	IMPACTO	RESPUESTA
•		
•		
•		

HERRAMIENTA N° 12
DIAGNÓSTICO DE NEGOCIOS:
ANÁLISIS DEL ENTORNO DE LOS COMPETIDORES

Incluye la identidad, motivos, fortalezas y debilidades, comportamiento actual y potencial de aquéllos que compiten por los recursos de nuestros clientes, sean externos o internos. Es fundamental tener en claro el modo en que estos competidores se acercan a nuestros clientes para poder anticiparnos con respuestas claras y precisas. Un competidor puede ser un profesional independiente o alguien que dentro de la organización donde trabajamos represente una barrera u obstáculo para nuestro crecimiento.

FACTOR	IMPACTO	RESPUESTA
•		
•		
•		

HERRAMIENTA N° 13
DIAGNÓSTICO DE NEGOCIOS:
ANÁLISIS DEL ENTORNO DE LA ORGANIZACIÓN

En este caso tomamos nuestra propia organización o aquella para la cual trabajamos y consideramos su dinámica competitiva, la estructura de gerencias y sus diferentes interacciones, su posicionamiento en el mercado y su futuro a la luz de fusiones y adquisiciones.

También tendremos en cuenta las diferentes áreas funcionales y específicamente el sector dentro del cual trabajamos, imaginando los cambios que puedan darse dentro del horizonte de planeamiento que estamos considerando.

FACTOR	IMPACTO	RESPUESTA
•		
•		
•		

HERRAMIENTA N° 14
DIAGNÓSTICO DE NEGOCIOS:
EVALUACIÓN DE FACTORES EXTERNOS CLAVES.

OPORTUNIDADES

Aquí analizaremos aquellas áreas externas a nuestra organización o práctica profesional (mercados, productos, servicios) que ofrezcan posibilidades de desarrollo, expansión o mejora para un crecimiento rentable.

Calificaremos estas oportunidades de 1 a 5, otorgando 5 a los obejetivos más interesantes para nuestra actividad económica.

FACTORES EXTERNOS CLAVE: OPORTUNIDADES	CALIFICACIÓN (1 a 5)
•	
•	
•	
•	

HERRAMIENTA N° 15
DIAGNÓSTICO DE NEGOCIOS:
EVALUACIÓN DE FACTORES EXTERNOS CLAVES

AMENAZAS

En este caso analizaremos aquellas áreas externas que constituyen un obstáculo importante para nuestro crecimiento.

FACTORES EXTERNOS CLAVES: AMENAZAS	CALIFICACIÓN (1 a 5)
•	
•	
•	
•	

HERRAMIENTA N° 16
DIAGNÓSTICO DE NEGOCIOS:
EVALUACIÓN DE FACTORES INTERNOS CLAVES

FORTALEZAS

Se trata de características intrínsecas de nuestra práctica profesional u organización que aumentan su eficacia y competitividad.

Un ejemplo de fortaleza sería nuestra habilidad comercial y de ventas.

FACTORES EXTERNOS CLAVES: FORTALEZAS	CALIFICACIÓN (1a 5)
•	
•	
•	

HERRAMIENTA N° 17
DIAGNÓSTICO DE NEGOCIOS:
EVALUACIÓN DE FACTORES INTERNOS CLAVES

DEBILIDADES

En este caso serán aquellas características que impiden o dificultan su eficacia y competitividad.

Un ejemplo de debilidad sería el no estar totalmente actualizados tecnológicamente.

FACTORES EXTERNOS CLAVES: DEBILIDADES	CALIFICACIÓN (1a 5)
•	
•	
•	

HERRAMIENTA N° 18
DIAGNÓSTICO DE MARKETING:
ANÁLISIS MERCADO / NECESIDAD / PRODUCTO

En esta herramienta necesitamos analizar nuestros mercados y segmentos, de manera que podamos evaluar las necesidades específicas de cada uno de ellos, los productos y servicios con los que cuento para resolver dichas necesidades y mis aptitudes para ello.

Esto nos exige un análisis crítico y muy minucioso, porque puede ocurrir que habiendo identificado adecuadamente el mercado, no tengamos una aptitud competitiva suficiente como para poder diferenciarnos y conquistarlo.

Es por ellos que pedimos adjudicar una puntuación de 1 a 5 en la evaluación que hagamos de nuestra capacidad para satisfacer necesidades.

**Calificación de su aptitud
(1 a 5)**

MERCADO, SEGMENTO OBJETIVO

-
-
-

NECESIDADES

-
-
-

MIS PRODUCTOS Y SERVICIOS

-
-
-

HERRAMIENTA N° 19
DIAGNÓSTICO DE MARKETING:
VALORES DEL COMPRADOR Y CIRCUITO
DE DECISIÓN DE COMPRA

Aquí analizamos, para cada mercado o segmento, cuáles son los valores claves del comprador de nuestros productos y servicios (a qué cualidades da prioridad en el momento de comprar) y cómo es el circuito de decisión de compra en cada caso (no siempre el que utiliza nuestros servicios es el que decide la compra).

Dentro de la organización para la cual trabajamos, por ejemplo, puede decidir nuestro ascenso no sólo nuestro jefe sino una junta de calificaciones donde está involucrada la gerencia de recursos humanos y áreas distintas con las cuales no trabajamos.

Un cliente puede dar prioridad a la capacidad técnica de un profesional mientras que otro valora más su habilidad para establecer un buen vínculo y escucharlo en situaciones críticas.

MERCADO, SEGMENTO OBJETIVO	Calificación de su aptitud (1 a 5)
•	
•	
•	
VALORES DEL COMPRADOR	
•	
•	
•	
CIRCUITO DE DECISIÓN DE COMPRA	
•	
•	
•	

HERRAMIENTA N° 20
DIAGNÓSTICO DE MARKETING:
MI PROPIA MARCA

En esta herramienta analizamos seis tipos de cualidades que configuran nuestra propia marca. Para cada uno de ellos estableceremos una evaluación de la situación actual (primera columna) y nos fijaremos una situación deseada futura a la cual quisiéramos llegar (segunda columna). La tercera columna expondrá nuestra respuesta, es decir, qué haremos para llegar o aproximarnos a la situación deseada.

CUALIDADES	SITUACIÓN ACTUAL	SITUACIÓN DESEADA	MI RESPUESTA (Qué haré)
• Mi posicionamiento (Cómo me ven)			
• Mi personalidad			
• Mis segmentos (Penetración y reconocimiento)			
• El valor agregado que transmito			
• Mis atributos diferenciales			
• La calidad percibida y la lealtad de mis clientes			

HERRAMIENTA Nº 21
DIAGNÓSTICO DE MARKETING:
ANÁLISIS COMPETITIVO

Esta herramienta tiende a darnos una evaluación de nuestra capacidad profesional comparada con la de nuestros principales competidores. Hemos tomado ocho cualidades y dejado un campo libre para que agreguemos aquél o aquéllos que consideremos más específicos para nuestros mercados y segmentos.

CUALIDADES	COMPETIDOR A	COMPETIDOR B	COMPETIDOR C	YO MISMO
• Imagen, prestigio				
• Participación en el mercado				
• Reconocimiento y fidelidad de clientes				
• Capacidad técnica y tecnología utilizada				
• Capacidad comercial y de ventas				
• Fortaleza de aliados y canales de distribución				
• Habilidad para las relaciones públicas e interpersonales				
• Presencia y personalidad				
• Otros (aclarar)				

HERRAMIENTA N° 22
LOS DIAGNÓSTICOS: RESUMEN GENERAL

Aquí estamos pidiendo efectuar un resumen de todos estos diagnósticos. Este resumen muestra una fotografía de la situación en este momento de nuestra vida personal y profesional.

Pedimos que no sea en más de una página porque —como bien sabemos— es posible sintetizar adecuadamente algo cuando tenemos una clara concepción de sus diferentes aspectos y facetas.

Un ejemplo muy breve de este resumen podría ser:

"He llegado a los 35 años de edad y a los diez años de ejercicio profesional como médico traumatólogo, con un historial de éxitos importantes pero con algunas deficiencias que considero necesario subsanar. Mi posición como Jefe de Servicio en un Hospital provincial me da reconocimiento profesional pero no económico, por lo que he decidido encarar de forma paralela una actividad privada en colaboración con otros profesionales afines".

Y así en adelante...

⟨ Resumir en no más de una página las conclusiones que extraigo de los diferentes diagnósticos realizados.

HERRAMIENTA N° 23
EL FUTURO, SUS OBJETIVOS, ESTRATEGIAS Y ACCIONES ENUNCIADO DE VISIÓN / MISIÓN PROYECCIÓN ESTRATÉGICA PERSONAL

En este ejercicio enunciaremos lo que pretendemos ser en el futuro. Cómo nos vemos a nosotros mismos en un horizonte que podamos delimitar de aquí a tres/cinco años. Será plasmar nuestro sueño personal, el atrevernos a definir nuestra configuración como personas en un futuro inmediato.

También será importante definir no sólo a dónde queremos llegar sino también los medios que utilizaremos para alcanzar ese destino en nuestra vida personal.

> "Pretendo vivir en armonía conmigo mismo y en un mayor contacto con la naturaleza... ejerciendo un equilibrio entre esfuerzo y disfrute, pasando más tiempo con mi familia y permitiéndome desarrollar en las áreas creativas que tengo postergadas."

Éste sería un breve ejemplo de lo que se expone en un enunciado de Visión/Misión.

> Desarrollar un enunciado de Visión / Misión de mi Proyección Estratégica Personal.

HERRAMIENTA N° 24
EL FUTURO, SUS OBJETIVOS, ESTRATEGIAS Y ACCIONES: MIS OBJETIVOS ESTRATÉGICOS PERSONALES

Los objetivos estratégicos deben venir del corazón y estar alineados con la visión/misión. Responden a la pregunta QUÉ quiero conseguir.

Con el fin de un mejor orden vinculado con las diferentes facetas de la vida personal, la herramienta que proponemos está compuesta por las mismas áreas que utilizamos en el diagnóstico personal.

ÁREA DE MI VIDA	OBJETIVO ESTRATÉGICO
• Dónde vivo	
• Mi trabajo / Profesión	
• Calidad y condiciones de vida	
• Mi economía	
• Mis intereses y gustos	
• Mi familia	
• Mi relación trabajo / calidad de vida	
• Creatividad / Innovación	
• Mis valores éticos y morales	
• Mis amigos y afectos	
• Mi inserción y aporte comunitario	

HERRAMIENTA Nº 25
EL FUTURO, SUS OBJETIVOS, ESTRATEGIAS Y ACCIONES: MIS ESTRATEGIAS Y ACCIONES PERSONALES

En este ejercicio continuamos "bajando" hacia acciones concretas. Para cada área definida en la herramienta anterior, ahora le agregamos una meta (la cuantificación del objetivo). Si el objetivo fuese "trasladarme a una zona con mayor contacto con la naturaleza", la meta correspondiente (algo medible) debería ser algo así como "instalar mi vivienda en una zona de montaña, el Pirineo por ejemplo, dentro de los próximos seis meses".

Las estrategias constituyen los CÓMO, es decir, de qué manera voy a lograr cumplimentar mis objetivos y metas.

Las acciones corresponderían a lo que tenemos que hacer para concretar la aplicación de la estrategia que nos permita lograr el objetivo y la meta, en este caso vender mi vivienda actual y comenzar la búsqueda de alternativas por medio de contactos y agentes inmobiliarios.

HERRAMIENTA N° 26
EL FUTURO, SUS OBJETIVOS, ESTRATEGIAS Y ACCIONES: MI SEGUIMIENTO DE ACCIONES PERSONALES

Definidos objetivos y estrategias para cada área, nos toca ahora poner en marcha las acciones, medirlas, fijarles un tiempo, los recursos necesarios y poder evaluar y controlar sus resultados. A esto apunta la presente herramienta.

ÁREA:					
OBJETIVO ESTRATEGIA	ACCIÓN	META	RECURSOS NECESARIOS	FECHA DE CUMPLIP.	RESULTADOS COMENTARIOS

HERRAMIENTA N° 27
EL FUTURO, SUS OBJETIVOS, ESTRATEGIAS Y ACCIONES: ENUNCIADO DE VISIÓN / MISIÓN PROYECCIÓN ESTRATÉGICA DE NEGOCIOS Y PROFESIONAL

Del mismo modo que desarrollamos un enunciado de Visión/ Misión personal, ahora lo haremos con la proyección estratégica de mis negocios y actividades laborales profesionales.

- Desarrollar un enunciado de Visión / Misión de mi Proyección Estratégica de Negocios y Profesional / Laboral.

HERRAMIENTA N° 28
EL FUTURO, SUS OBJETIVOS, ESTRATEGIAS Y ACCIONES ¿CUÁL ES MI NEGOCIO FUTURO?

A la luz de nuestro diagnóstico y del enunciado de Visión/ Misión, es el momento de plantearnos nuevamente este ejercicio, pero pensando en nuestra proyección futura. De acuerdo a lo que hayamos analizado puede ocurrir que deseemos continuar en el negocio en el que estamos actualmente, modificarlo parcialmente o emprender un rumbo diferente. Éste es el momento de plantearlo.

> • Necesidades de los clientes:
> • Segmentos de clientes:
> • Tecnologías, productos y servicios:

RESUMEN: HERRAMIENTA N° 29
EL FUTURO, SUS OBJETIVOS, ESTRATEGIAS Y ACCIONES: MIS OBJETIVOS ESTRATÉGICOS DE NEGOCIOS Y PROFESIONALES LABORALES

Con el fin de facilitar la definición de los objetivos estratégicos, hemos delimitado diferentes áreas, que tienen directa correspondencia con los diagnósticos en los cuales hemos trabajado. Los mismos resultados de los ejercicios nos llevarán a contestarnos muchas de las preguntas y cuestiones que se formulan en los objetivos. Las mayores diferencias, las respuestas frente a los impactos sobre nuestro negocio, las puntuaciones menores de calificación, etc. son rastros que hemos marcado en el camino para ordenar y disciplinar nuestro pensamiento.

Aclaramos que puede haber más de un objetivo estratégico por área.

ÁREA DE NEGOCIOS PROFESIONAL / LABORAL	OBJETIVO ESTRATÉGICO
• Habilidades distintivas	
• Factores claves de éxito	
• Desarrollo de Tecnologías, Productos y Servicios	
• Desarrollo de Mercados y Segmentos	
• Mi Organización (mi empresa o aquella para la cual trabajo)	
• Mis Clientes (externos e internos)	
• Mis Competidores (externos e internos)	
• Oportunidades relevantes	
• Amenazas relevantes	
• Fortalezas relevantes	
• Debilidades relevantes	
• Desarrollo de mi propia marca (posicionamiento, imagen y otros atributos)	
• Mi competitividad	
• Mis alianzas y aliados	
• Mis canales de distribución	
• La comunicación de mis	

HERRAMIENTA N° 30
EL FUTURO, SUS OBJETIVOS, ESTRATEGIAS Y ACCIONES: MIS ESTRATEGIAS Y ACCIONES DE NEGOCIOS Y PROFESIONAL / LABORALES

Aquí también definiremos por área las metas, estrategias y acciones destinadas a conseguir los objetivos definidos.

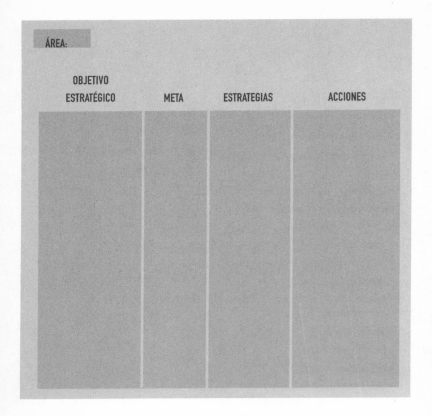

HERRAMIENTA N° 31
EL FUTURO, SUS OBJETIVOS, ESTRATEGIAS Y ACCIONES: MI SEGUIMIENTO DE ACCIONES DE NEGOCIOS Y PROFESIONAL / LABORALES

De la misma forma, definiremos para cada área las diferentes acciones, con la cuantificación expresada en las metas, los recursos que necesitaremos, las fechas estimadas para la cumplimentación de acciones y la exposición de los resultados obtenidos.

HERRAMIENTA N° 32
LAS HERRAMIENTAS: EL FUTURO, SUS OBJETIVOS, ESTRATEGIAS Y ACCIONES RESUMEN GENERAL

Del mismo modo que para los diagnósticos, nos proponemos delinear un resumen de lo que haremos en el futuro en todos los planos considerados, También solicitamos que este texto no tenga más de una pagína, de manera de obligarnos a ser concretos y sintéticos.

Un ejemplo muy breve de este resumen podría ser:

"Me propongo, y teniendo en cuenta mis antecedentes como traumatólogo, especializarme en deportología, para lo cual comenzaré un emprendimiento de una institución médica dedicada a lograr la máxima performance de deportistas, con la incorporación de un equipo multidisciplinario y los mejores aparatos de diagnóstico y entrenamiento"

Y así en adelante...